21世纪高职高专规划教材·汽车运用与维修系列

汽车钣金实训教程

主编　宋孟辉　卢中德

中国人民大学出版社
·北京·

21世纪高职高专规划教材·汽车运用与维修系列

编委会

出版说明

进入21世纪以来，随着我国汽车工业的迅猛发展和人民生活水平的不断提高，随着公路运输设施和城市基础设施建设投资的迅速增加，以及政府鼓励汽车消费政策的逐步实施，我国汽车保有量迅速增长。目前，我国汽车数量每年以两位数的增长率递增，据此，预计仅汽车维修业近两年就将新增80万从业人员，其中大部分从业人员需要接受职业教育与培训。中国人民大学出版社经过充分的市场调研，策划出版了这套高职高专汽车运用与维修专业的系列教材。

本套教材紧密贴近我国高职教学改革的实际，力求体现以下几个特点。

1. 以企业需求为基本依据，以就业为导向

教材的编写以就业为导向，以能力为本位，能够满足企业的工作需求，提高学生学习的主动性和积极性。我们对每本书的主编精心遴选，除了要求主编必须是高职院校的骨干教师外，还要求他们有在一线汽车相关企业的工作经验或实验实训经历，确保教材的内容既能紧密贴合教学大纲，又能准确把握市场需求、加强实践操作环节内容。

2. 适应汽车企业技术发展，体现教学内容的先进性和前瞻性

本套教材关注我国汽车制造和维修企业的最新技术发展，通过校企合作编写的形式，及时调整教材内容，突出本专业领域的新知识、新技术、新工艺和新方法，克服旧教材存在的内容陈旧、更新缓慢、片面强调学科体系完整、不能适应企业发展需要的弊端。每本教材结合专业要求，使学生在学习专业基本知识和基本技能的基础上，及时了解、掌握本领域的最新技术发展及相关技能，实现专业教学基础性与先进性的统一。

3. 教材内容按模块化形式编写

教材力求摆脱学科课程旧思想的束缚，从岗位需求出发，尽早让学生接触实践操作内容。根据具体的专业情况，有的是每本书一个模块，有的是每本书分为多个模块，每部分内容都以工作岗位所需要的技能展开。

4. 跨区域开发、整合多方优势

由于我国幅员辽阔，各地区经济发展都具有不同的地域特点，而作为与经济建设密切相关的职业教育也必然存在区域间的差异。为了打造出一套适用性强、博采众长的教材，我们在教材的策划阶段，即与不同区域的众多开设汽车相关专业的高职院校取得了联系，并进行了深入调研，经过反复研讨后确定了具体的编写大纲。教材在编写过程中得到了辽宁省交通高等专科学校、承德石油高等专科学校、长春汽车工业高等专科学校、内蒙古交通职业技术学院、河南交通职业技术学院、河北交通职业技术学院、广东轻工职业技术学院等二十多家职业院校的参与与大力支持。

5. 教材配备完善的立体化教学资源

本系列教材在研发的同时，希望能够在相关课件的开发制作方面做出自己的特色，从而提升教材的核心竞争力。通过对市场的前期调研，我们对目前已经出版的相关教材配套

课件情况进行了分析，针对目前同类产品存在的不足，制定了专业基础课教材课件完整、专业主干课教材演示视频丰富、全系列教材教学资源整合形成网上资源平台的策划思路，力求使本套教材成为真正的立体化教材。

本套教材在编写过程中，除了得到多所高职院校的帮助外，《汽车维修技师》杂志、辽宁省交通高等专科学校汽车研究所、辽宁鑫迪汽车销售服务有限公司、大连新盛荣汽车销售服务有限公司、辽宁宝时汽车销售服务有限公司、安徽宝德汽车维修有限公司等在技术和资料方面给予了很多支持，在此表示衷心的感谢。

希望本套教材的出版能够为高职高专院校汽车运用与维修专业的教学工作起到积极的促进作用，也欢迎本套教材的使用者针对教材中存在的不足提出宝贵的建议。

中国人民大学出版社

前言
Preface

目前，我国的高等职业教育正在进行所谓“颠覆”式改革，各高职院校广泛引进了国外的职业教育模式，即“任务驱动、行动导向、基于工作过程”的教学模式。

本实训教材是高职高专“汽车钣金修复技术”专业课的实训教材，是结合汽车钣金修复理论技术和汽车钣金修复实际操作编写而成的。考虑到各实训项目在实际工作中的先后顺序及操作时间的长短，将课程划分为13个项目，分别为：“车身碰撞损伤分析”、“点对点测量车身尺寸”、“车身三维尺寸的机械法测量”、“车身尺寸的电子测量方法”、“钣金件手工成形”、“车身板件变形的手工敲打校正”、“车身板件变形的拉拔修复”、“车身板件变形的加热校正”、“车身气体保护焊”、“车身点焊和钎焊”、“车身结构件损伤的修复”、“汽车玻璃的更换”和“车身塑料件的维修”。

每个实训项目，包含“实训计划”和“实训过程”。“实训计划”以表格的形式说明了实训能力目标、实训内容及时间安排等内容。“实训过程”详细说明了实操的安全与卫生要求、准备工作、操作流程及操作中的注意事项，同时给出了项目实训考核标准及学生实训记录单。

本书是集教学设计、实训指导与总结、学生记录以及对学生的实操能力考核为一体的实训教材，完全满足了“做中学”以及“过程考核”的职业教育教学要求。

本教材由宋孟辉、卢中德主编，其他编写人员有：鞠峰、张成利、高元伟、郭大民、黄宜坤、马志宝、李泰然、孙涛。

在本教材的编写过程中，得到了辽宁省交通高等专科学校吴兴敏教授的大力支持，在此表示衷心感谢！

编　者

2010年10月

目录 Contents

实训一

车身碰撞损伤分析

实训计划

实训能力目标	实训内容及时间安排（分钟）		建议学时
1. 认识不同类型的车身结构。 2. 掌握整体式车身碰撞力的传递路径。 3. 能够对整体式车身的损伤进行评估。 4. 能够根据不同的车身碰撞损伤制定合理的维修工艺。 5. 培养学生观察事物、分析问题的能力。	参观车间及安全教育	20	2学时 （100分钟）
	认识不同类型的车身结构	10	
	分辨不同的车身材料	10	
	评估整体式车身的损伤，并制定出合理的维修方案	20	
	学生完成记录单	10	
	考核	20	
	教师总结及信息反馈	10	

实训过程

实训准备阶段

教师的准备工作

教师在实训前的准备：

（1）设备：试验轿车一台。

（2）工具：1m规格的钢板尺、3m规格的卷尺、游标卡尺、手电筒以及其他常用工具。

学生的准备工作

学生在实训前的准备：

（1）了解本次实训课所要求的技能。

（2）准备好安全防护用品：工作服、工作帽、工作鞋、防护手套。

（3）准备好学生实训记录单。

思考如下问题：

（1）钣金车间如何合理规划？

（2）轿车车身结构有哪几种，是按什么标准来分类的？

（3）为什么轿车多数采用整体式车身？它与车架式车身有何不同？

（4）整体式车身在碰撞中的变形规律是什么？

（5）采用整体式车身的轿车的碰撞损伤的评估方法有哪几种？

（6）其他评估车身损伤的方法还有哪些？

（7）车身损伤评估在实际工作中会有哪些应用？

实训阶段

一、参观车间及安全防护

1. 参观车间

由指导教师根据实际情况，带领学生熟悉车身维修车间的规划和布局。如图 1—1 所示为典型的车身维修车间的布置图，其中钣金车间的布局可参考图示左侧部分。

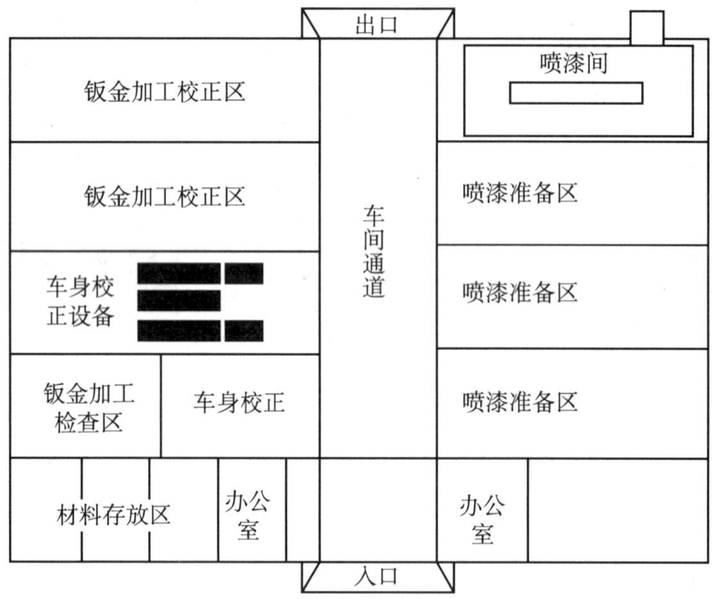

图 1—1　车身维修车间的布置图

（1）整体规划。

1）车身测量校正、车身焊接、车身装配调整一般固定在一个工位上进行，即在车身校正仪上完成这些工作。

2）车身校正工位的长度一般为 8～10m，宽度一般为 5～6.5m。

3）车身校正仪平台的长度一般为 5～6m，宽度一般为 2～2.5m，在平台外围一般有 1.5～2m 的操作空间。

（2）气路布置。

1）一般车间共用一个压缩空气站，在各个工位设置压缩空气接口。

2）维修车间内压缩空气的压强一般为 0.5～0.8MPa。

3）管路沿着墙壁布置，布置高度不超过 1m，也可以布置在靠近车间顶板的位置。

4）在每个工位至少要留出 2 个接口，在每个接口上安装开关，然后再安装 1～2 个快速接头。

5）压缩空气主管路与各工位分管路的连接使用三通阀完成，并且三通阀的分流口要朝上布置，防止主管路冷凝的油、水流入分管路。

⚠ 注意：

压缩空气站的位置要选择在远离办公区域，同时能提供足够清洁空气的地方。压缩空气站要有专人负责，定期保养空气压缩机。

(3) 电路布置。

1) 气体保护焊焊接时的电流不能小于 15A，大功率电阻点焊机焊接时的要求电流为 30～40A。

2) 在车身校正工位附近应该设置一个专用的配电箱供车身修复焊接使用，配电箱距离车身校正仪一般为 10～15m。

3) 在每个车身修复工位要至少留出 2 个三孔插座（不小于 15A），每个插座要保证接地良好。

2. 安全防护

学生进入钣金车间进行实训的时候，一定要穿戴合理的劳动保护用品，如图 1—2 所示。以后要根据实训内容的不同而穿戴不同的防护用品。

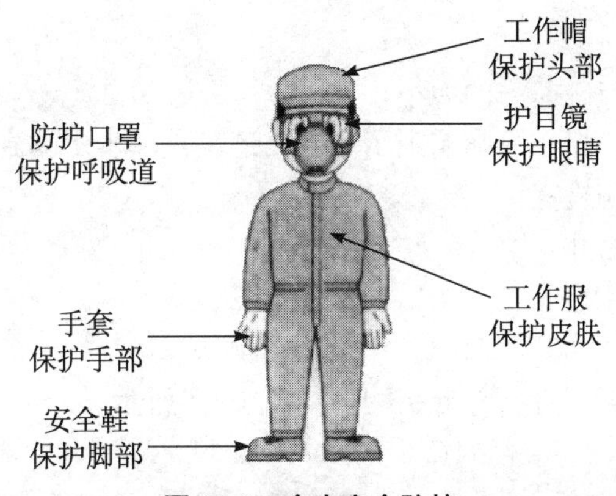

图 1—2　个人安全防护

(1) 安全鞋。在车身维修车间工作时应穿鞋头有金属片的、防滑的安全鞋，如图 1—3 所示。

图 1—3　安全鞋

(2) 工作帽。棉质，尺寸合适。

⚠ 注意：

长头发的学生，工作时要把头发放入工作帽中。

（3）工作服。本次实训要求穿合体的紧口紧袖棉布工作服，需将扣子扣好。

⚠ **注意：**

化学物品（清洁溶剂、还原剂、稀释剂、油漆清除剂等）溅到衣服上时，应立即将衣服脱掉。因为这些化学物品一旦接触皮肤，可能会造成疼痛、发炎、皮疹或者严重的化学烧伤等伤害。

（4）手套。本次实训戴线手套。

⚠ **注意：**

操作使用台钻、卷扬机等设备时，严禁戴手套。

二、熟悉车身

1. 车身损伤评估的流程

（1）熟悉车身结构；

（2）定位碰撞点；

（3）确定碰撞方向与碰撞力的大小；

（4）确定损伤程度：损伤只影响到了车身，还是进一步影响到了机械部件；

（5）系统地进行损伤检查；

（6）测量关键部件尺寸；

（7）制定损伤修复工艺。

2. 认识车架式车身

（1）对应实物，认识车身各部分结构，如图 1—4 所示。

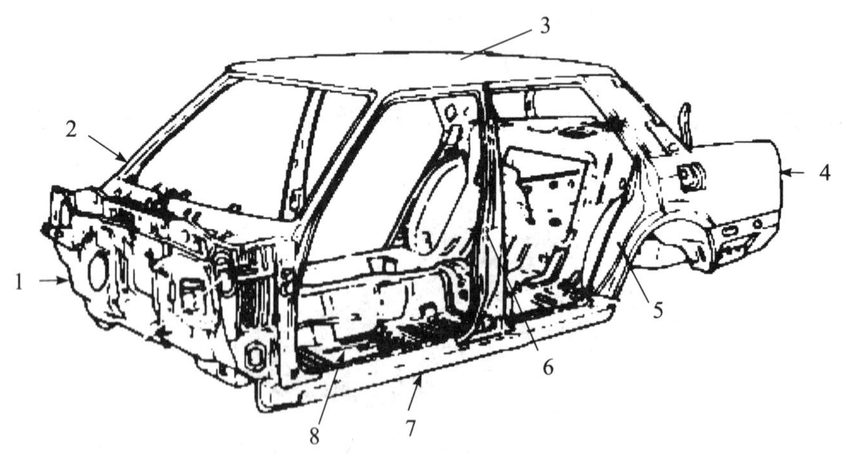

图 1—4　车架式车身的结构

1—前围板；2—A 柱；3—顶板；4—左后翼子板；5—C 柱；6—B 柱；7—门槛板；8—地板

（2）观察车身与车架的连接方式。

（3）分析如果汽车前部发生碰撞，碰撞力会如何传递。

3. 认识整体式车身

（1）对应实物，认识车身各部分的名称，如图 1—5 所示。

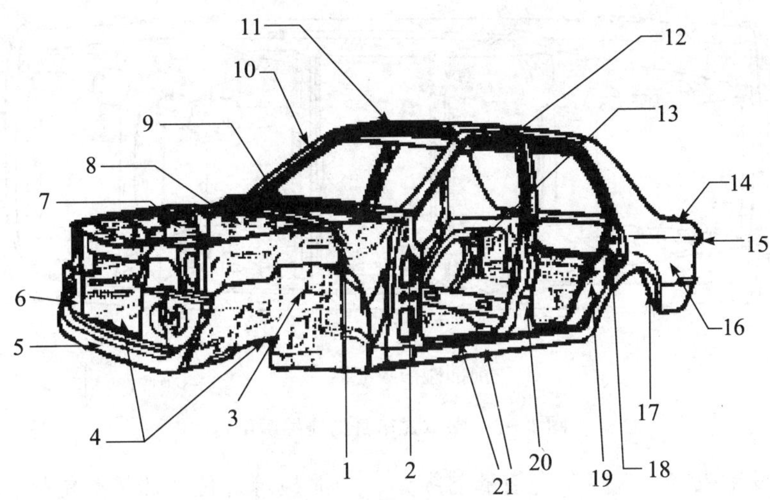

图 1—5　整体式车身的结构

1—挡泥板加强件；2—前车身铰柱；3—挡泥板；4—内外前梁；5—前横梁；6—散热器支架；7—减振器塔；8—前围板；9—前围上盖板；10—A 柱；11—顶盖梁；12—顶盖侧横梁；13—后保险杠支撑；14—后备箱盖；15—折线；16—左后翼子板；17—车轮罩；18—车门止动销；19—C 柱；20—B 柱；21—门槛板

（2）熟悉车身刚性结构件。

1）熟悉车身前部的刚性结构件：主要有前横梁、前纵梁、前悬架横梁、散热器支架、散热器上支架、挡泥板、前围板、前围上盖板等，如图 1—6 所示。

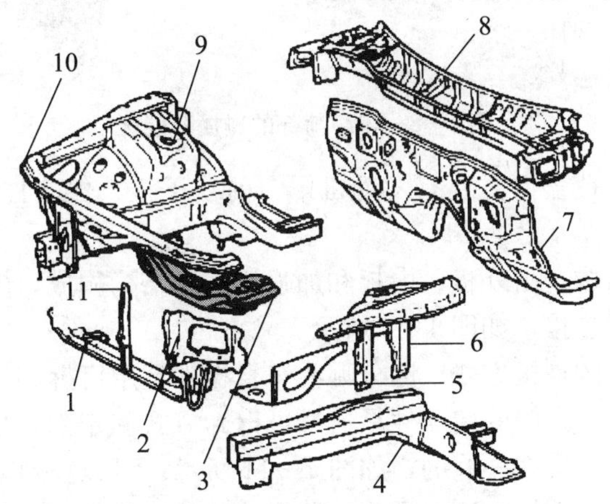

图 1—6　整体式车身的前部构件

1—前横梁；2—散热器支架；3—前悬架横梁；4—前纵梁；5—挡泥板；6—挡泥板加强件；7—前围板；8—前围上盖板；9—减振器塔；10—散热器上支架；11—发动机舱盖锁支架

2）熟悉车身中部的刚性结构件：主要有车身立柱、门槛板、车顶纵梁、车顶板、车地板等。应分清 A 柱、B 柱和 C 柱。

3）熟悉车身后部的刚性结构件：主要有后侧围板、后纵梁等。

（3）认识车身碰撞吸能区。整体式车身的碰撞吸能区如图 1—7 所示。

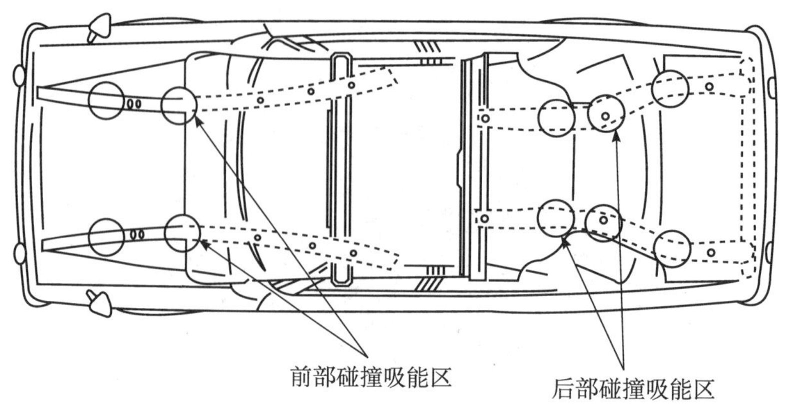

图 1—7　整体式车身的碰撞吸能区

1）打开发动机罩，观察车身前部前纵梁、挡泥板等部位的碰撞吸能区的情况，如图 1—8 所示。

2）观察后纵梁、后挡泥板等部位的碰撞吸能区的情况。

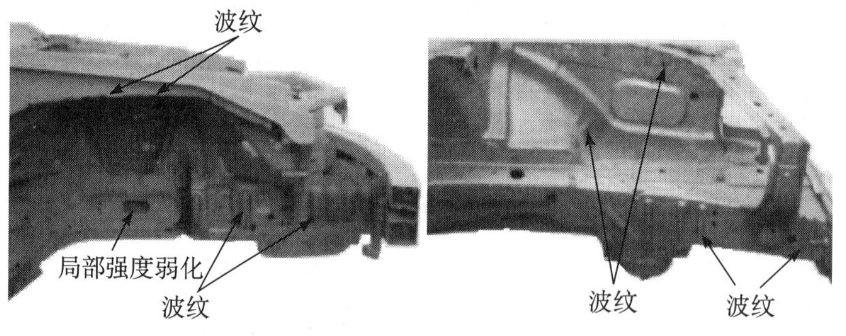

图 1—8　车身前部的碰撞吸能区

（4）观察覆盖件。覆盖件主要有发动机罩、前翼子板、保险杠蒙皮、车门、车顶板、后备箱盖、玻璃等。

观察发动机罩的结构：由外板、内板和加强梁三层结构构成，内板和外板的四周以折边、点焊、黏结等方式连接，如图 1—9 所示。

（5）观察车身板件的连接方式。区分哪些车身板件是用可拆卸方式连接的，哪些是通过不可拆卸方式固定的。车门等覆盖件是通过可拆卸方式固定的，如图 1—10 所示。结构件是通过不可拆卸方式连接在一起的，如图 1—11 所示，可以找到车身焊点。

思考：具体的可拆卸连接方法有哪些？结构件还采用了哪些连接方式？

（6）分析：整体式车身在受到不同方向的碰撞时，碰撞力会如何传递？可能受损伤的部件有哪些？

4. 分辨铝合金件、塑料件和钢铁件

（1）在车身上寻找铝合金的类型标识。

（2）使用一块磁铁来进行鉴别，方法如下：如果磁铁与板件吸引，说明该处板件是钢板；如果磁铁与板件之间不吸引，说明该处板件采用的材质可能是铝合金。

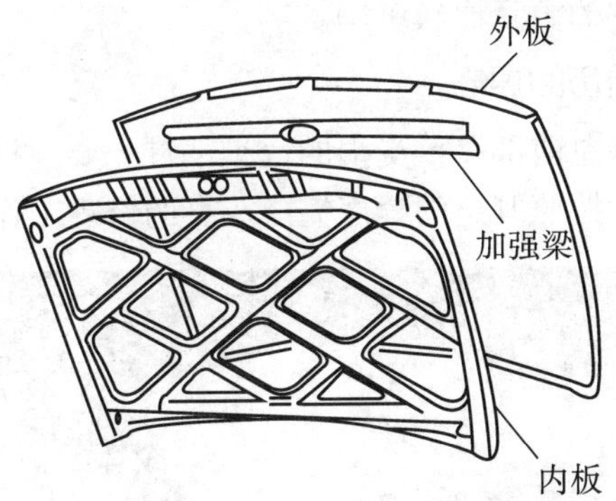

图 1—9　发动机罩的结构

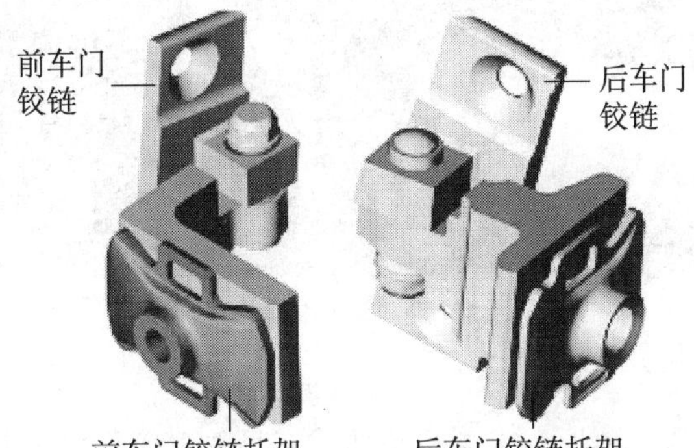

图 1—10　铰链连接

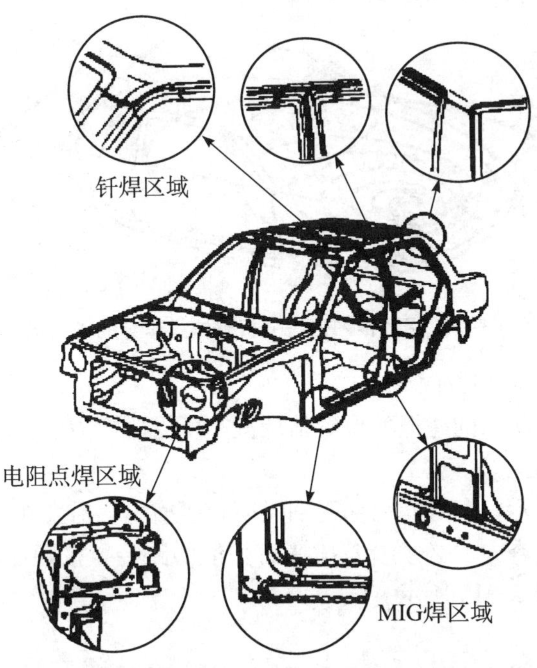

图 1—11　汽车中使用的各种焊接方法

（3）用手敲打，塑料件的声音比较沉闷。

三、整体式车身碰撞损伤的评估

如图 1—12 所示为一辆左前部严重受损的汽车。首先要根据测量和分析的结果来制定精确的碰撞修理程序，然后按照制定的程序完成车身的修理工作。

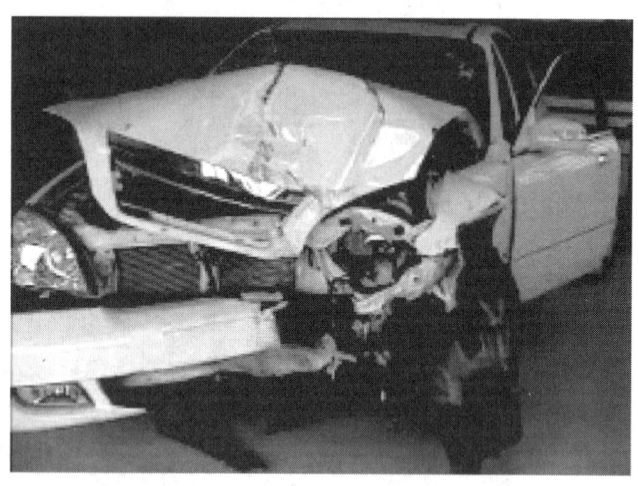

图 1—12　左前部严重受损的汽车

1. 目测确定碰撞点

用图 1—13 所示的圆锥图形法来分析整体式车身的碰撞损伤。圆锥体的顶点对应碰撞点，圆锥体的中心线表示碰撞的方向，圆锥体的高度和范围表示碰撞力沿车身壳体辐射的区域。圆锥体的顶点附近为主要的受损区域。

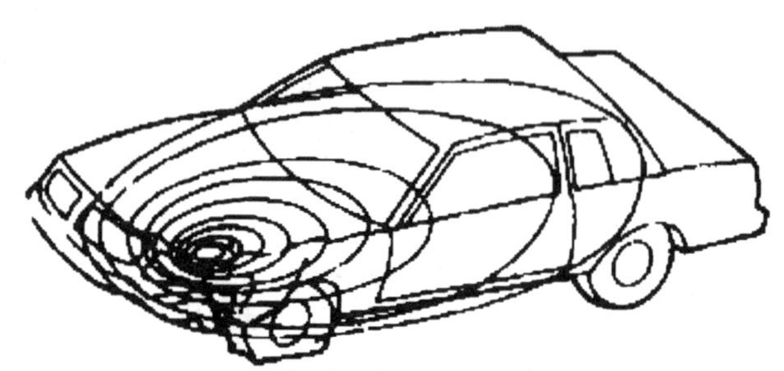

图 1—13　用圆锥图形法分析整体式车身的碰撞损伤

2. 确定碰撞力的大小和方向

（1）根据图 1—12 所示的碰撞的位置估计汽车所受碰撞力的大小及方向，判断碰撞是如何扩散并造成损伤的。

（2）如图 1—14 所示，车身左前部受到碰撞，碰撞力会沿着车身传递到后部，甚至车身右侧。在接下来的检查中，必须沿着碰撞力扩散的路径，按顺序一处一处地进行检查，确认出变形情况，如图 1—15 所示。

3. 确定损伤程度

根据碰撞的位置和碰撞力的方向检查图 1—12 所示的车身：

（1）先探查汽车上是否有扭转和弯曲变形，再设法确定出损伤的位置及各种损伤是否

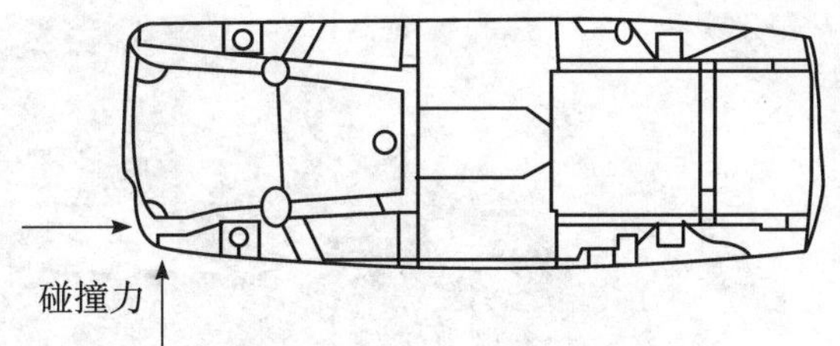

图 1—14　确定碰撞力方向

图 1—15　碰撞力在车身上的传递

是由同一碰撞引起的。

（2）车辆的左前部受到与车身对角线方向平行的碰撞力的损伤，损伤严重。

（3）左前大灯、水箱、发动机的部分附件、前挡风玻璃损伤严重。

（4）车身右前部受到左前部严重碰撞的影响，但损坏并不严重，只是板件发生了错位，如图 1—16 所示。

图 1—16　右前部车身损坏分析

4. 检查损伤

（1）目视检查。

1）车辆前部受损，碰撞力有可能会传到车身的后部，造成风窗立柱、车顶框架等车身框架变形，如图 1—17 所示。

图 1—17　A 柱产生皱褶

2）在驾驶室内部也能看到左侧车门立柱内部内饰件错位的情况，如图 1—18 所示，说明该处立柱已经变形。

图 1—18　仪表台下部错位

3）检查中要特别仔细地观察板件连接点有没有错位断裂，加固材料（如加固件、盖板、加强筋、连接板）上有没有裂缝，如图 1—19 所示。

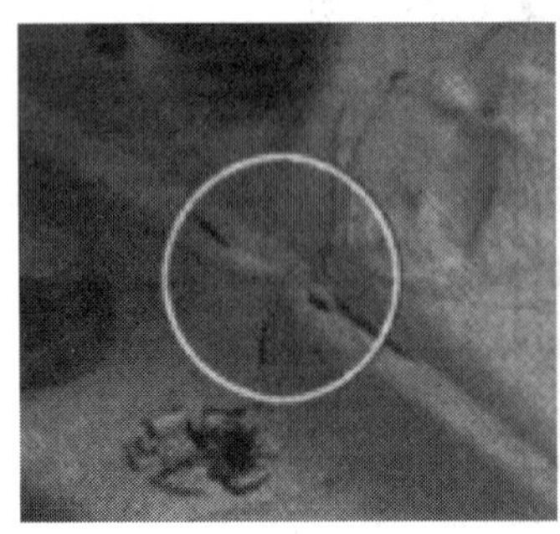
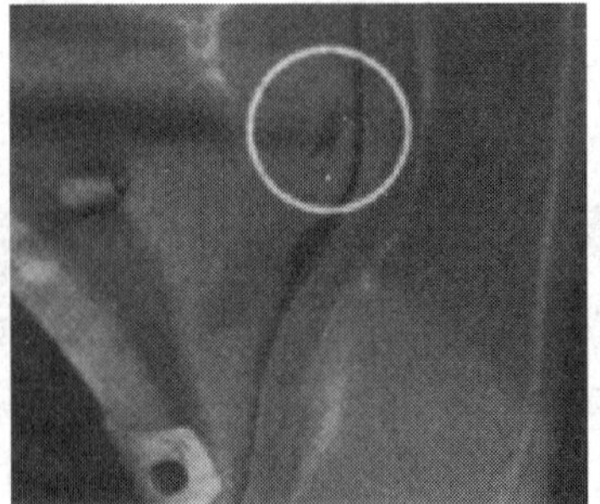
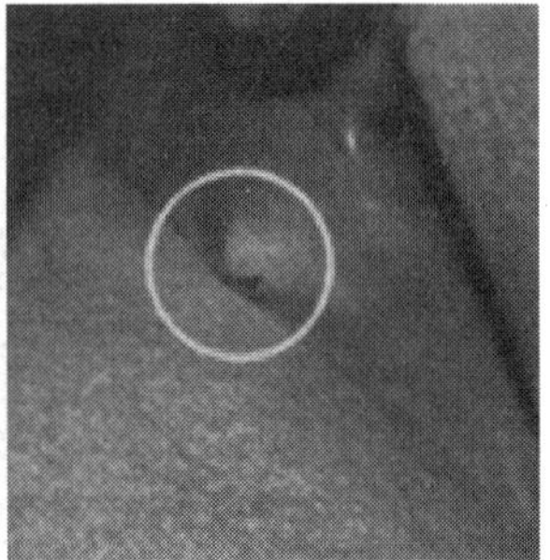

图 1—19　车身上容易识别损伤的部位

4）观察各板件的连接焊点有没有变形。

5）观察油漆层、内涂层及保护层有没有裂缝和剥落。

6）观察零件的棱角和边缘有没有异样等。

（2）工具检查。

1）车身上的车门、翼子板、发动机罩、行李箱盖、车灯之间的配合间隙都有一定的尺寸要求，通过观察和测量它们之间的间隙可以判定发生了哪些变形，如图 1—20 所示。如图 1—21 所示，可以通过测量和对比车门间隙来确定车门的损伤变形情况。

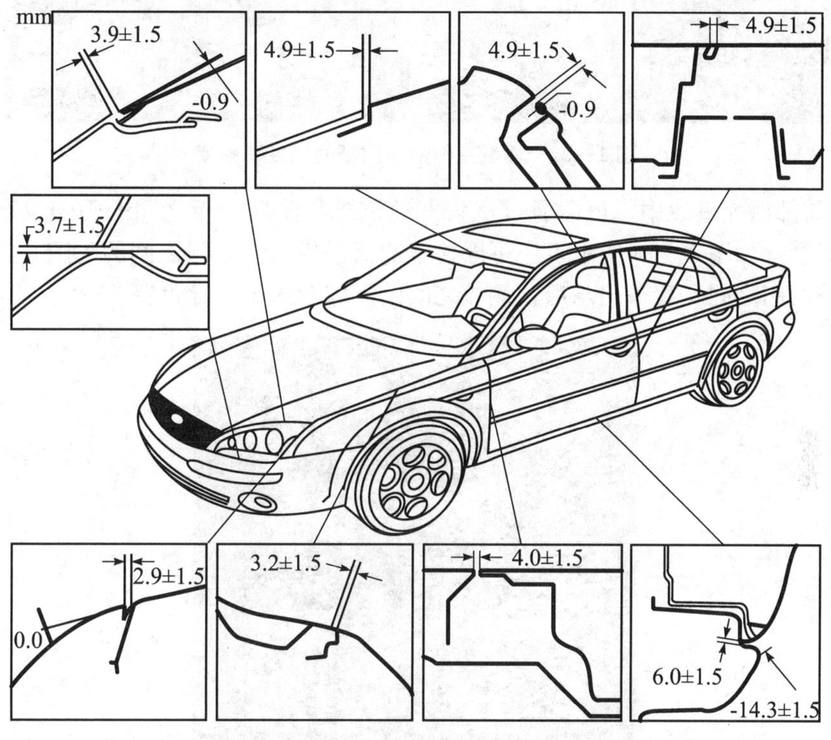

图 1—20　车身上的标准配合间隙

图 1—21　对比车门配合间隙

2）车门是以铰链装在车身立柱上的，可以通过简单地开关车门及观察车门的准直情况来确定车身立柱是否受到损伤。如图 1—22 所示，车辆发生碰撞后前立柱后移造成风窗立柱向上拱曲，使门框变窄，所以车门无法关严。

图 1—22　测量变形的车门框的宽度和高度

3）在前部碰撞事故中，可以通过比较发动机罩与前翼子板之间的间隙及高度差异判断损伤的程度，如图 1—23 所示。还可以检查前翼子板与前车门之间的间隙，如果车身变形严重，前后门之间、后车门与后顶侧板之间的间隙及水平差异也要检查。

图 1—23　对比左右翼子板与发动机罩的间隙

⚠ 注意：

在对汽车损伤进行评估之前，应注意以下安全事项：

◆ 待汽车进入车间后，首先要查看汽车上是否有破碎玻璃及锯齿状金属。碎玻璃片可以直接去除，而对于锯齿状金属则要在其刃口上贴上胶带纸，用砂轮机或锉刀将刃口磨平。

◆ 如有变速箱油或润滑油等泄漏，一定要将其擦净。

◆ 拆除电气系统前，要先卸下蓄电池的负极电缆，保护电气系统中的设备，同时避免电路引起火灾。

◆ 在进行碰撞诊断时照明应良好。如果功能件或机械部件出现损伤，需在举升机或校正台上进行细致的检查。

5. 制定维修方案

（1）维修方案的制定原则。

根据评估的结果制定维修方案，确定哪些零件需要维修，哪些零件需要更换。如果结构件损伤采用什么样的维修工艺？

1）车漆未受损伤的部件的修复方案。

若部件车漆未受损伤，大多数情况下可以采用凹陷修复技术。

2）车身覆盖件损伤的修复方案。

车身覆盖件损伤以维修为主，但是发生以下几种情况，必须更换：

①影响行车安全的损伤，比如玻璃出现裂纹，应更换。

②承受力的部分，比如板件的安装、连接部位损坏严重，应更换。

③维修工时过长的损伤，更换零件更合算。

④损伤无法修复的板件，必须更换。

3）车身结构件变形的修复方案。

如果车身结构发生了变形，覆盖件肯定也会受到不同程度的损伤。修复时要先修复结构件，再修复覆盖件。

①车身前部结构件损伤的修复。损伤不严重时进行拉伸维修；损伤严重时要将连接部位整块更换。

②车身中部结构件损伤的修复。车身中部结构件损伤的修复一定要慎重。当损伤严重影响中部车身刚性的时候，要更换车身。

③车身后部结构件损伤的修复方法与前部相似。

（2）确定维修方案。

1）左前横梁、左前挡泥板及左侧纵梁损坏严重需要更换。

2）前保险杠总成、水箱框架、水箱、发动机罩、左前翼子板、前风挡玻璃、大灯损坏严重需要更换。

3）左侧车门损伤不严重，需要修复。

4）右前翼子板、挡泥板和纵梁等需要修复。

5）确定拉伸程序。通过碰撞位置可以分析出车身的左前方受到碰撞，水箱框架和左前纵梁都受到严重损坏，前柱也向后变形，需要在与碰撞方向相反的方向对前纵梁和前柱进行拉伸，如图 1—24 所示。

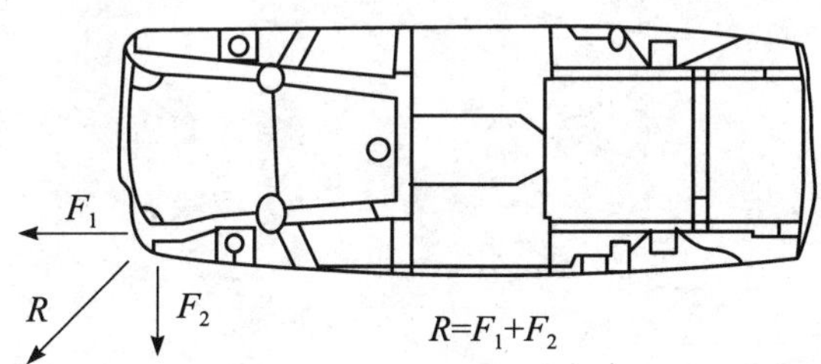

图 1—24　确定拉伸方向

6）在前柱尺寸恢复后，再把需要更换的左前纵梁拆除。

7）修理右侧挡泥板和纵梁。

8）将车架修复后，安装修复的损伤覆盖件和更换的新零件。

检验实训能力阶段

由实训教师根据实际情况，在整体式车身上假定一处碰撞，由学生对碰撞损伤进行分析，并制定出合理的维修工艺。

学生实训记录单

班　级		姓　名	
学　号		日　期	
实训内容	车身碰撞损伤分析		

1. 记录所参观整体式车身各部分零件的名称，并确认板件的材质。

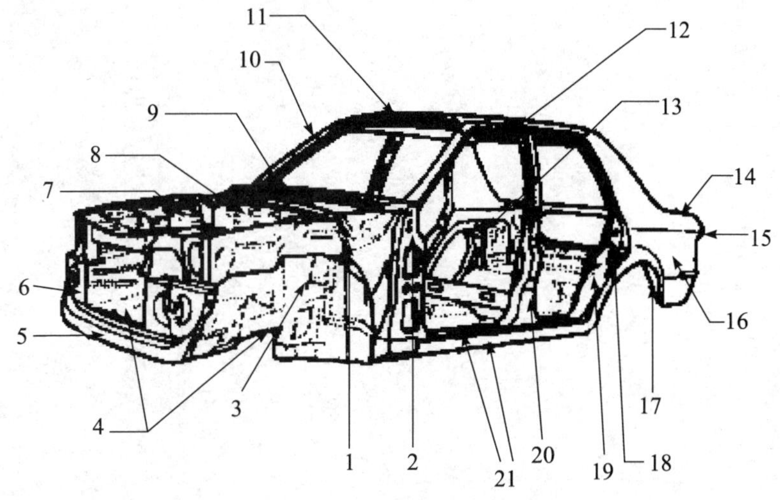

____

____

____

____。

2. 车身评估。

(1) 存在哪些变形损伤：______________________

____

____。

(2) 采用的评估方法及相应的评估过程：______________

____

____。

3. 制定的修复方案。

____

____。

4. 本次实训存在的疑问有哪些？最大的难点是什么？有何改进建议？

教师评语： 年　月　日	本次实训成绩

实训考核记录单

课程：汽车钣金实训

时间：20min　　班级：________学号：________姓名：________

考核项目：车身碰撞损伤分析					
序号	考核内容	配分	考核记录	扣分	得分
1	安全与卫生习惯	10			
2	准备工作	10			
3	操作流程	60	1. 学生记录： 2. 教师记录：		
4	学生实训记录单	20			
5	完成时限				
	得分合计				

考核教师：________________　________年________月________日

实训二

点对点测量车身尺寸

实训计划

实训能力目标	实训内容及时间安排（分钟）		建议学时
1. 掌握车身上部点对点尺寸数据图的读取方法。 2. 能够熟练运用卷尺和杆规测量车身上部点对点的尺寸。 3. 掌握用卷尺和自定心量规测量车身变形的情况。 4. 掌握利用自定心量规检查车身变形的方法。 5. 培养学生独立思考、解决问题的能力。	正确使用车身上部的数据图	10	2学时 （100分钟）
	测量上部车身尺寸	20	
	利用点对点测量方法判断车身的变形情况	10	
	正确使用自定心量规检查车身的变形情况	30	
	学生完成记录单	10	
	考核	10	
	教师总结及信息反馈	10	

实训过程

实训准备阶段

教师的准备工作

教师在实训前的准备：

（1）设备：整体式车身一台、车身校正平台、杆式自定心量规（杆规）、链式自定心量规。

（2）材料：车身上部点对点尺寸数据图一套。

（3）工具：1m规格的钢板尺、3m规格的卷尺、轨道式量规、各型号测量头、其他常用工具。

学生的准备工作

学生在实训前的准备：

（1）了解本次实训课所要求的技能。

（2）穿戴好个人安全防护用品：工作服、工作帽、工作鞋、防护手套。

（3）准备好学生实训记录单。

思考如下问题：

（1）点对点车辆车身尺寸的测量方法有几种？

（2）孔径不同的两孔间距如何测量？每个孔的直径如何计算？

（3）如何使用点对点的测量方法，判断车身的变形情况？

（4）点对点的测量方法，如何更好地应用到实际工作中？

实训阶段

实训要求学生穿戴工作服、工作鞋和工作帽。

一、用参数法测量车身上部尺寸

1. 指导学生识读车身上部点对点尺寸数据图

实训教师为学生提供一套车身上部点对点尺寸数据图，并指导学生正确识图，掌握车身上部尺寸的测量方法。

（1）拿到车身上部点对点尺寸数据图后，首先概览全图，如图 2—1 所示。

图 2—1 显示了车身上部的主要测量点，包括发动机室部位的翼子板安装孔、水箱框架安装孔、减振器支座安装孔，前、后风窗的测量点，前后门的测量点，中柱、后柱铰链和门锁的测量点，行李箱的测量点等。

（2）发动机室尺寸的测量。找到主要部件的安装孔数据和测量点。

（3）前风窗的尺寸通过测量图中 A、B、C、D 四点的相互尺寸得到，A 和 B 是车顶板拐角，C 和 D 是发动机罩铰链后螺栓孔。

（4）后风窗的尺寸通过测量图中 A、B、C、D 四点的相互尺寸得到，A 和 B 是车顶板拐角，C 和 D 是行李箱点焊裙边上的焊接搭缝。

（5）前门的尺寸通过测量图中 A、B、C、D 四点的相互尺寸得到，A 点表示风窗立柱上的搭接焊缝位置，B 点表示前柱铰链表面，C 点表示中柱自锁栓上缘，D 点表示中柱铰链固定螺栓中心。

（6）后门的尺寸通过测量图中 A、B 两点的尺寸得到，A 点表示后柱自锁栓上缘，B 点表示中柱上铰链与立柱交线。

（7）中柱的尺寸可以通过测量图中 A、B 两点的尺寸得到，A、B 点都表示中柱门锁固定螺栓中心。

（8）后柱的尺寸可以通过测量图中 C、D 两点的尺寸得到，C、D 点都表示后柱门锁固定螺栓中心。

（9）行李箱的尺寸通过测量图中 A、B、C、D、E、F 六点的相互尺寸得到，A、B 表示行李箱点焊裙边上的焊接搭缝，C、F 表示行李箱车围板拐角，D、E 表示保险杠固定螺栓中心。

2. 测量上部车身尺寸

（1）使用卷尺测量。

1）使用卷尺测量孔间距的时，首先将卷尺的头部加工成尖状，如图 2—2 所示。

2）用卷尺测量孔的中心距时，可从孔的边缘起测量，以便于读数，如图 2—3（a）所示。

3）当两孔的直径相等并且孔本身没有变形时，才能以孔的边缘间距代替中心距，如图 2—3（b）所示。

4）但当两孔的直径不同时，如图 2—3（c）所示，中心距的计算方法为：

$$A=B+(R-r) \text{ 或 } A=C-(R-r)$$

（2）使用轨道式量规测量。

1）根据实际测量点距离的大小，选择合适规格的量规。

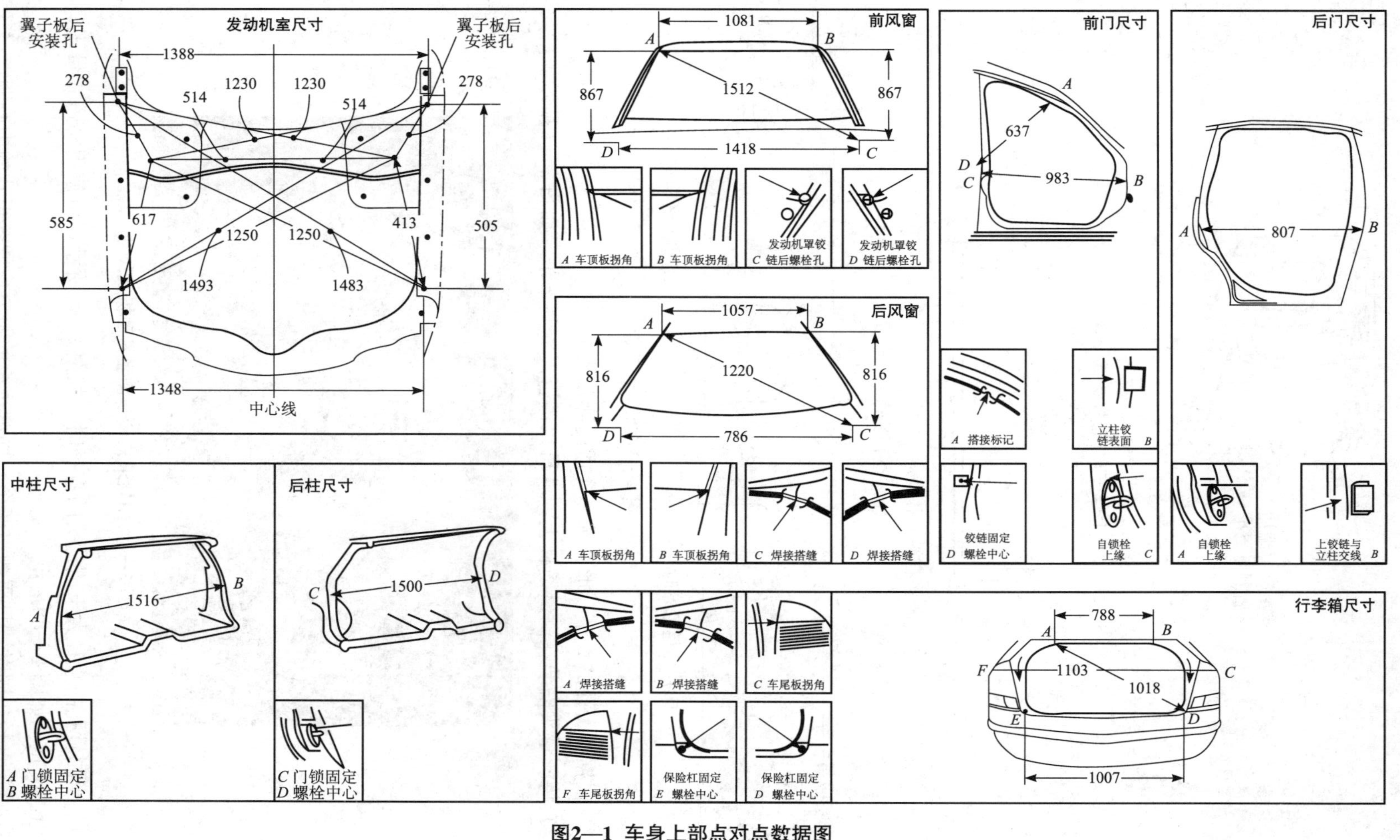

图2—1　车身上部点对点数据图

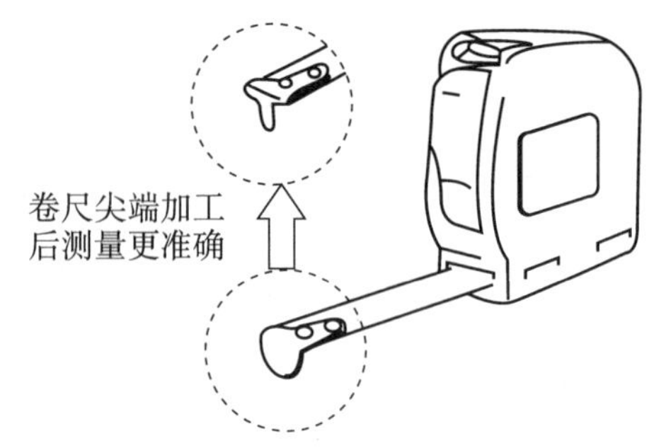

图 2—2　卷尺头部处理

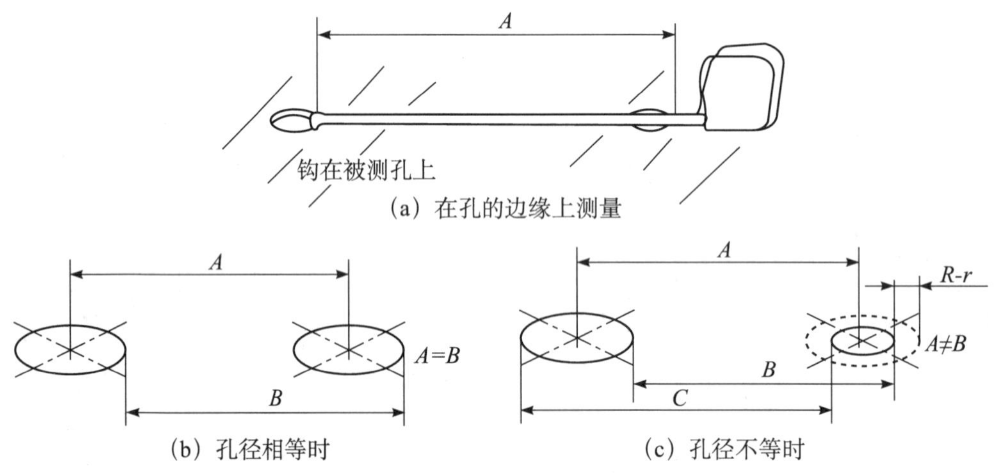

图 2—3　用卷尺测距

2）根据测量孔的大小、形状选择合适的测量头。

3）将测量头安装在测量横杠上，就可以进行尺寸测量了，如图 2—4 所示。

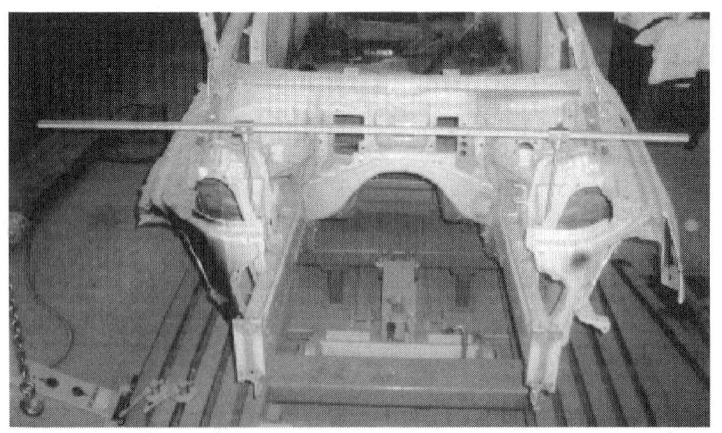

图 2—4　用轨道式量规测量发动机室尺寸

4）当测量孔的直径大于测量头的直径时，如图 2—5 所示，可使用轨道式量规进行边缘测量法测量，如图 2—6 所示。

①两孔直径相同时，只要测出两个孔同侧边缘的距离，就获得孔的中心距离。

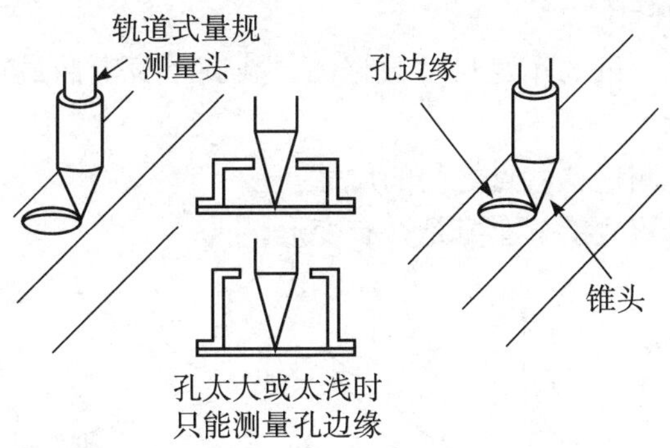

图 2—5　测量头的直径小于测量孔的直径

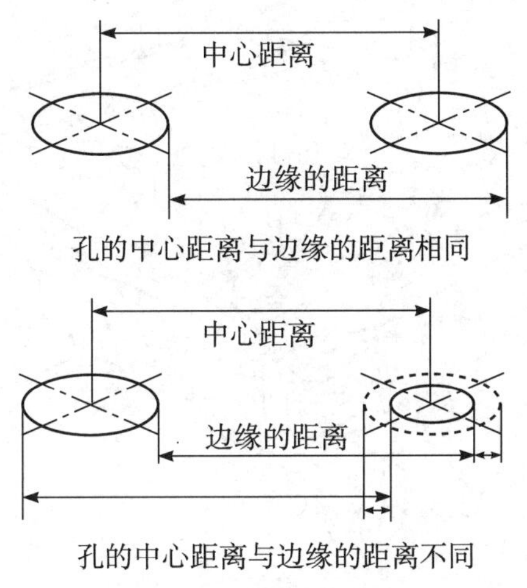

图 2—6　同缘测量法

②两孔直径不同时，要先测得两孔内缘间距，再测得两孔外缘间距，如图 2—7 所示，然后将两次测量结果相加再除以 2 即可。

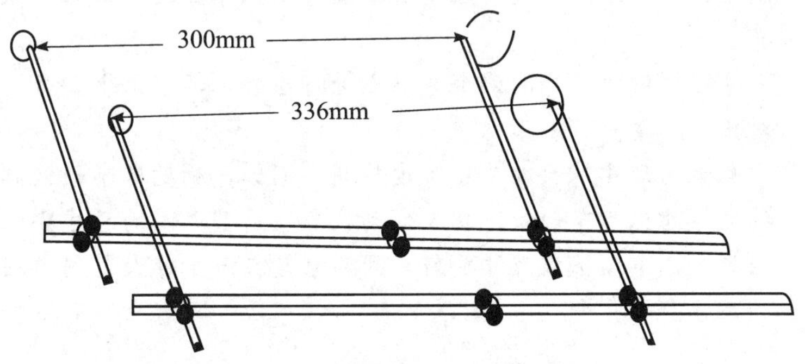

图 2—7　不同直径孔的测量

例如，如果测得其内缘间距为 300mm，外缘间距为 336mm，则孔中心距为（300＋336）÷2＝318mm。

(3) 思考。

如果孔的直径不方便直接测量，如何用卷尺或量规通过边缘测量法得出两孔的直径？

（4）测量车身前部尺寸。

1）根据汽车制造厂提供的车身尺寸数据图，找到车身上部最重要的控制点位置和尺寸规格，如图 2—8 所示。

2）使用卷尺或杆规测量这些点之间的尺寸。

3）对照标准数据，检测部分车身是否有变形。

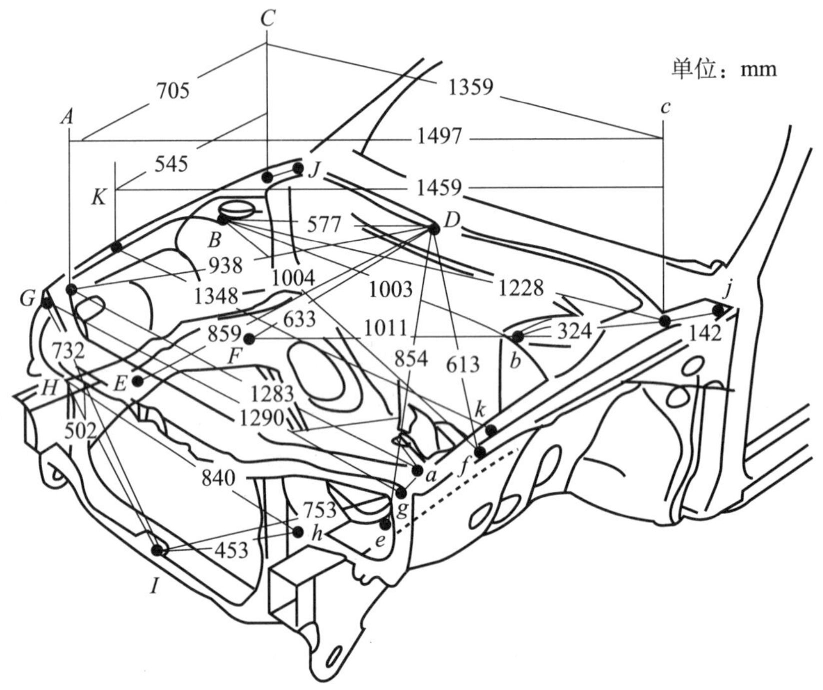

图 2—8 发动机室的尺寸

注意：

- 检验汽车前端尺寸时，轨道式量规测量的最佳位置是悬架及机械元件上的安装孔。
- 每一尺寸应该对照另外的两个基准点进行检验，其中至少要有一个基准点进行对角线测量。
- 通常，测量的尺寸越长，其精确度越高。例如，测量从车颈（前车身与中车身的交界处称为车颈）下端至发动机底座前部之间的尺寸要比测量车颈下端至另一侧车颈下端尺寸要好，因为它是在汽车较大范围内测得的一个较大的尺寸。

（5）测量车身侧面尺寸。

1）根据汽车制造厂提供的车身尺寸数据图，找到车身侧面最重要的控制点位置和尺寸规格，如图 2—9 所示。

2）使用卷尺或杆规测量这些点之间的尺寸。

3）对照标准数据，检测该部分车身是否有变形。

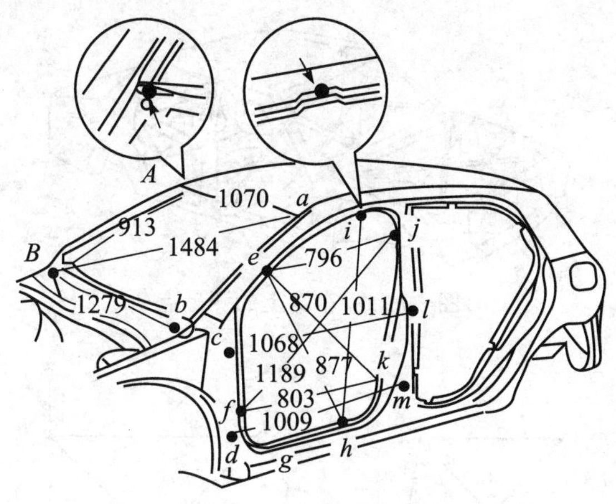

图 2—9　车身侧面尺寸

（6）测量车身后部尺寸。

1）首先，通过行李箱盖开关和缝隙的变化估测车身后部的变形。

2）根据汽车制造厂提供的车身尺寸数据图，找到车身后部最重要的控制点位置和尺寸规格，如图 2—10 所示。

3）使用卷尺或杆规测量这些点之间的尺寸。

4）对照标准数据，检测该部分车身是否有变形。

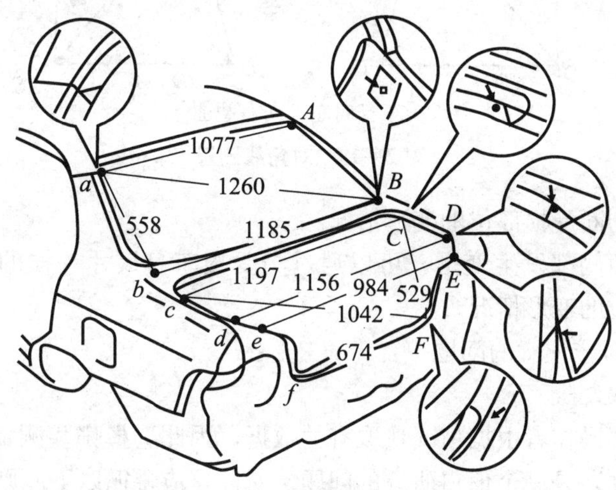

图 2—10　车身后部的尺寸

二、用对比测量法判断车身的变形情况

1. 尺寸对称部位的测量

测量发动机室、前后窗框、后备箱等处。

（1）找到车身上的测量点，如图 2—11 所示。

（2）利用卷尺或杆规进行对角线测量。

（3）对比两次测量数值，判断车身的变形情况，如图 2—12 所示。

2. 尺寸不对称部位的对比测量

（1）当损伤部位的尺寸不对称，比如左侧门框变形时，可以通过与右侧良好门框的尺

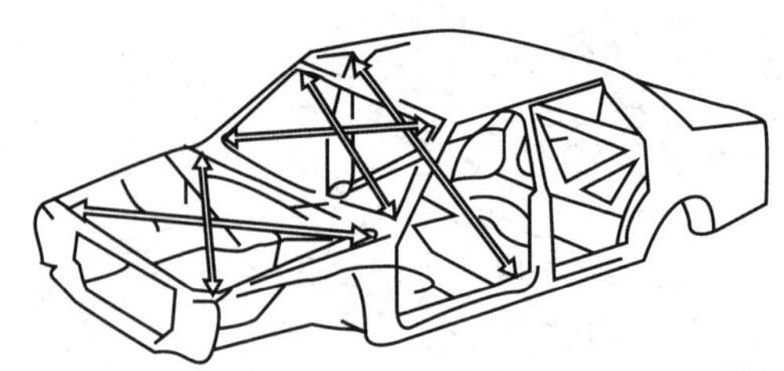

图 2—11　车身上的测量点

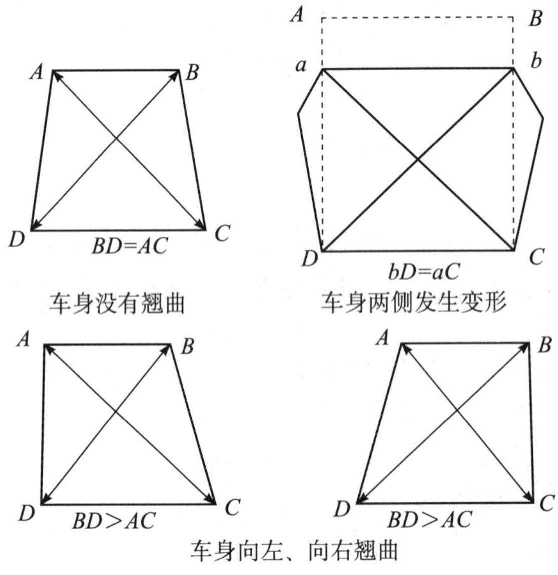

图 2—12　对角线测量

寸进行对比，从而判断受损部位的变形情况。

（2）如果车身两侧都发生变形，可以通过与受损车身尺寸一样的良好车的尺寸的对比，来判断受损部位的变形情况。

3. 运用对比法时应注意的问题

（1）数据的选取。

由于对比法需要操作者根据情况量取有关数据，因此选择哪些测量点、数据链来作为车身变形的判断依据，是一个值得研究的问题。对此，应遵循以下原则：

1）利用车身壳体或车架上已有的基准孔，确定所需的定位参数值。

2）以基础零件和主要总成在车身上的正确装配位置为依据。

3）比照其他同类车型车身图中的标示方法，确定检测方案。

（2）误差的控制。

对比法测量可靠性较差，要求应尽可能将测量误差限制在最小范围内，以防止因累计误差而影响最终的修复质量。在操作时应注意以下几点：

1）选择便于使用的测量工具（如测距尺）；

2）不能以损伤的基准孔作为测量依据；

3）参数值最好一次性测得，应尽量避免分段量取。

三、使用自定心量规检查车身变形

1. 使用杆式自定心量规检查

(1) 根据车身结构和尺寸，选择合适型号的杆规。

(2) 将车身举升到适宜操作的高度。

(3) 将四个杆规分别安置在汽车最前端、最后端、前轮的后部和后轮的前部。

(4) 调整每一个横臂，使杆规与所附着的车身结构平行。

(5) 用肉眼通过投影就可看出车身结构是否准直，如图 2—13 所示。

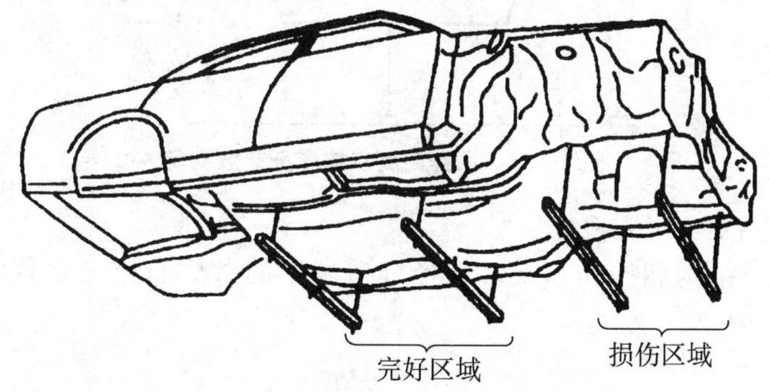

图 2—13 杆式自定心量规的悬挂方法

(6) 分析测量结果：

1) 如果量规没有任何偏斜的迹象，如图 2—14 (a) 所示，可判定车身没有变形损伤。

2) 当量规杆不平行时，如图 2—14 (b) 所示，说明车身产生扭曲变形。

3) 当中心销发生左右方向的偏离时，如图 2—14 (c) 所示，可以判断车身左右方向有弯曲。

4) 当中心销发生上下方向的偏离时，如图 2—14 (d) 所示，说明车身上下方向有弯曲。

5) 另外，挤缩和菱形变形可以通过测量基准点的距离和对角线的长度来判定。

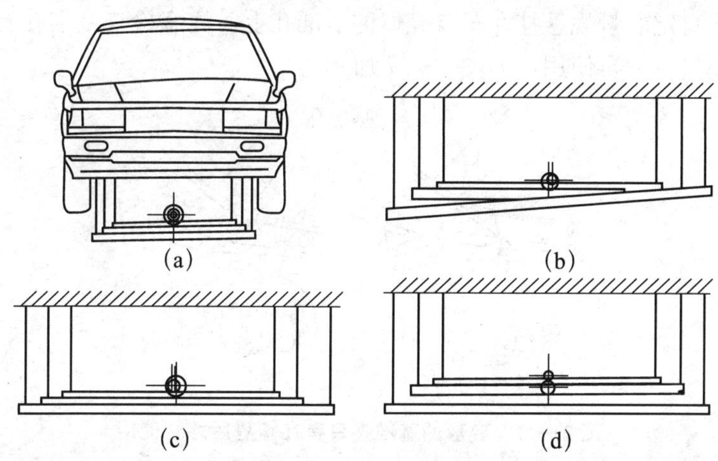

图 2—14 利用杆式自定心量规检查车身变形

⚠ **注意：**

在对垂直方向上的弯曲进行精确诊断时，应保证杆式自定心量规的挂钩长度符合要求，如图 2—15 所示，当其中一个杆式自定心量规的调试确定后，应以参数表中的数据为依据，对其他杆式自定心量规挂钩的长度，按高低差做增减调整，使吊挂高度符合标准要求。

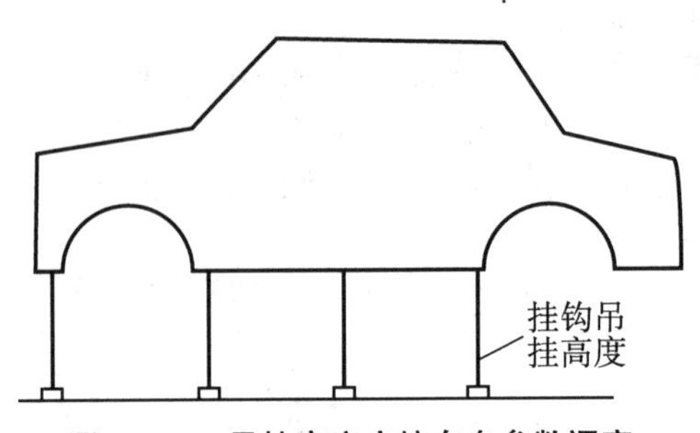

图 2—15　吊挂高度应按车身参数调定

2. 使用链式自定心量规检查

（1）根据车身结构和损伤情况，选择合适规格的链式自定心量规，并组装好，如图 2—16所示。

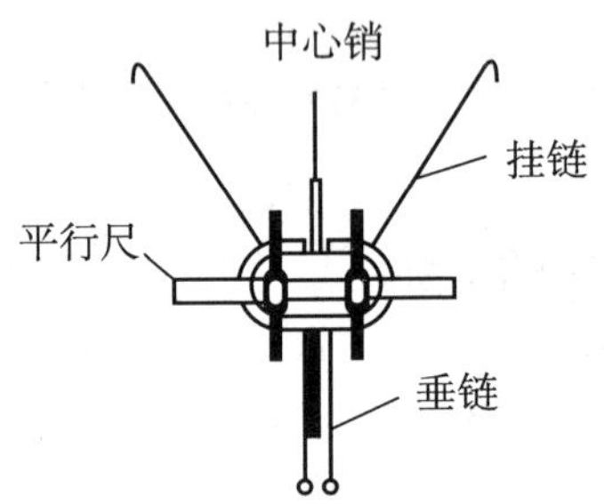

图 2—16　链式自定心量规

（2）将车身举升到适宜操作的高度。

（3）将链式自定心量规悬挂在车身壳体的基准孔上。注意检查基准孔有无变形，如果基准孔变形，要修复后再使用，如图 2—17 所示。

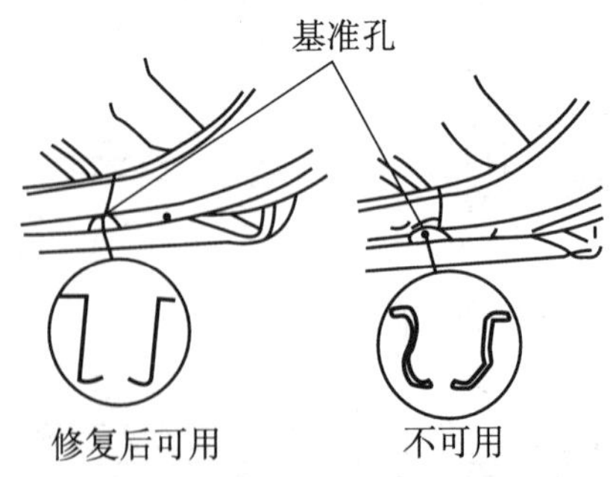

图 2—17　变形的基准孔只有在修复后才能使用

（4）通过检查中心销、挂链及平行尺是否平行，以及中心销是否对中，判断出车身壳体是否有变形，如图 2—18 所示。

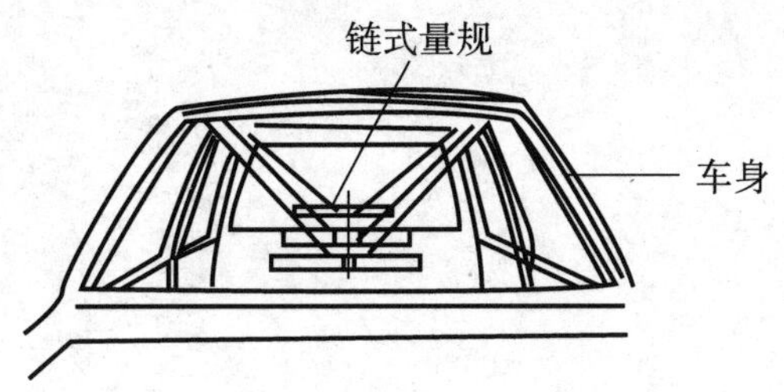

图 2—18　车身壳体的检查

⚠ 注意：

当左右基准孔的高度不一致或为非对称结构时，一定要通过调整中心销的位置或挂钩（挂链）的长度加以补偿，如图 2—19 所示，其调整值应以车身尺寸图中提供的数据为准。

链式自定心量规不用来测量，只用来寻找车辆的基准面、中心面和零点平面等，通过它们的偏移量来大体分析车身的变形情况，不能得到具体的测量数据。

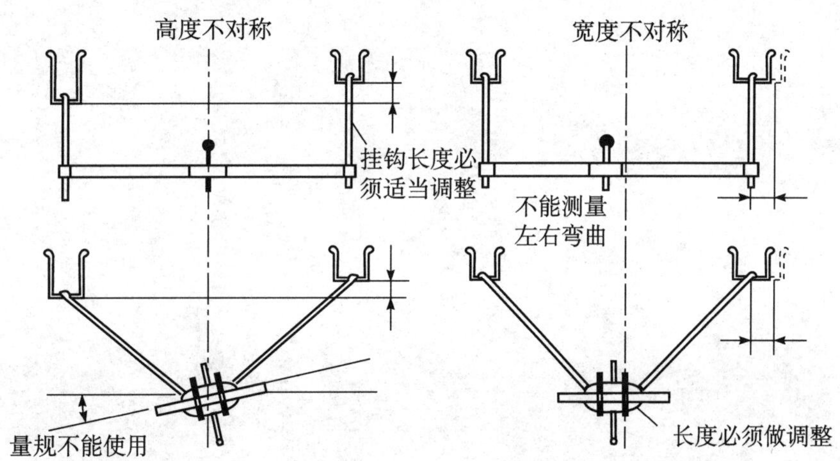

图 2—19　基准孔为不对称结构时，应对量规的挂钩长度做适当调整

检验实训能力阶段

由实训教师随机选择一部分车身，要求学生能够采用不同的方法，检查车身的变形情况。检查学生能否正确使用数据图，能否准确完成教师设定的任务。

学生实训记录单

班　级		姓　名	
学　号		日　期	
实训内容	点对点测量车身尺寸		

1. 用卷尺测量直径不同的两孔的中心距____________________，计算方法____________________。

2. 用轨道式量规测量直径不同的两孔的中心距：先测得两孔内缘间距__________，后测得两孔外缘间距__________，然后通过公式______________计算得出两孔中心距为______________。

3. 使用量规进行车身测量，并对测量结果进行分析，得出车身的变形情况：

____

____。

4. 在车身前部、中部、后部各选四点，分别用参数法和对比测量法进行车身变形测量：

(1) 参数法测量。

前部：①两点之间________________；②两点之间________________。

中部：①两点之间________________；②两点之间________________。

后部：①两点之间________________；②两点之间________________。

车身变形情况：________________________________。

(2) 对比测量法测量。

前部：①两点之间________________；②两点之间________________。

中部：①两点之间________________；②两点之间________________。

后部：①两点之间________________；②两点之间________________。

车身变形情况：________________________________。

5. 本次实训存在的疑问有哪些？最大的难点是什么？有何改进建议？

教师评语：	本次实训成绩
年　月　日	

实训考核记录单

课程：汽车钣金实训

时间：10min　班级：________学号：________姓名：________

考核项目：点对点测量车身尺寸					
序号	考核内容	配分	考核记录	扣分	得分
1	安全与卫生习惯	10			
2	准备工作	10			
3	操作流程	60	1. 学生记录： 2. 教师记录：		
4	学生实训记录单	20			
5	完成时限				
	得分合计				

考核教师：________________　________年________月________日

实训三

车身三维尺寸的机械法测量

实训计划

实训能力目标	实训内容及时间安排（分钟）		建议学时
1. 学会车身三维数据图的读取方法。 2. 学会使用车身测量系统进行车身尺寸的测量。 3. 能够根据测量结果分析车身的变形程度。 4. 培养学生独立思考、解决问题的能力。	正确使用车身底部三维数据图	15	3 学时 （150 分钟）
	正确使用车身上部三维数据图	15	
	使用龙门式车身测量系统测量车身尺寸	50	
	学生完成记录单	10	
	考核	50	
	教师总结及信息反馈	10	

实训过程

实训准备阶段

教师的准备工作

教师在实训前的准备：

（1）设备：整体式车身一台、车身校正平台、龙门式车身测量系统、空气压缩机。

（2）材料：车身底部三维尺寸数据图一套、车身上部三维尺寸数据图一套。

（3）工具：1m 规格的钢板尺、3m 规格的卷尺、其他常用工具。

学生的准备工作

学生在实训前的准备：

（1）了解本次实训课所要求的技能。

（2）穿戴好个人安全防护用品：工作服、工作帽、工作鞋、线手套。

（3）准备好学生实训记录单。

思考如下问题：

（1）车身长度数据可以有多个吗？为什么？

（2）车身上哪些部位需要进行三维尺寸测量？

（3）机械法测量三维尺寸的关键步骤是什么？

（4）如果车身中心线与平台中心线不重合，怎么办？

（5）如果车身底部的测量基准点受损伤了，怎么办？

（6）如何将测量三维尺寸的机械法更好地应用到实际工作中？

实训阶段

实训要求学生穿戴工作服、工作鞋、工作帽和线手套。

一、车身三维尺寸数据图的识读

1. 识读车身底部三维尺寸数据图

实训教师为学生提供一套车身底部三维尺寸数据图，并指导学生正确识图，能正确找出车身底部测量点的三维尺寸。

（1）选择一个车身底部三维尺寸数据图后，首先概览全图，如图 3—1 所示。

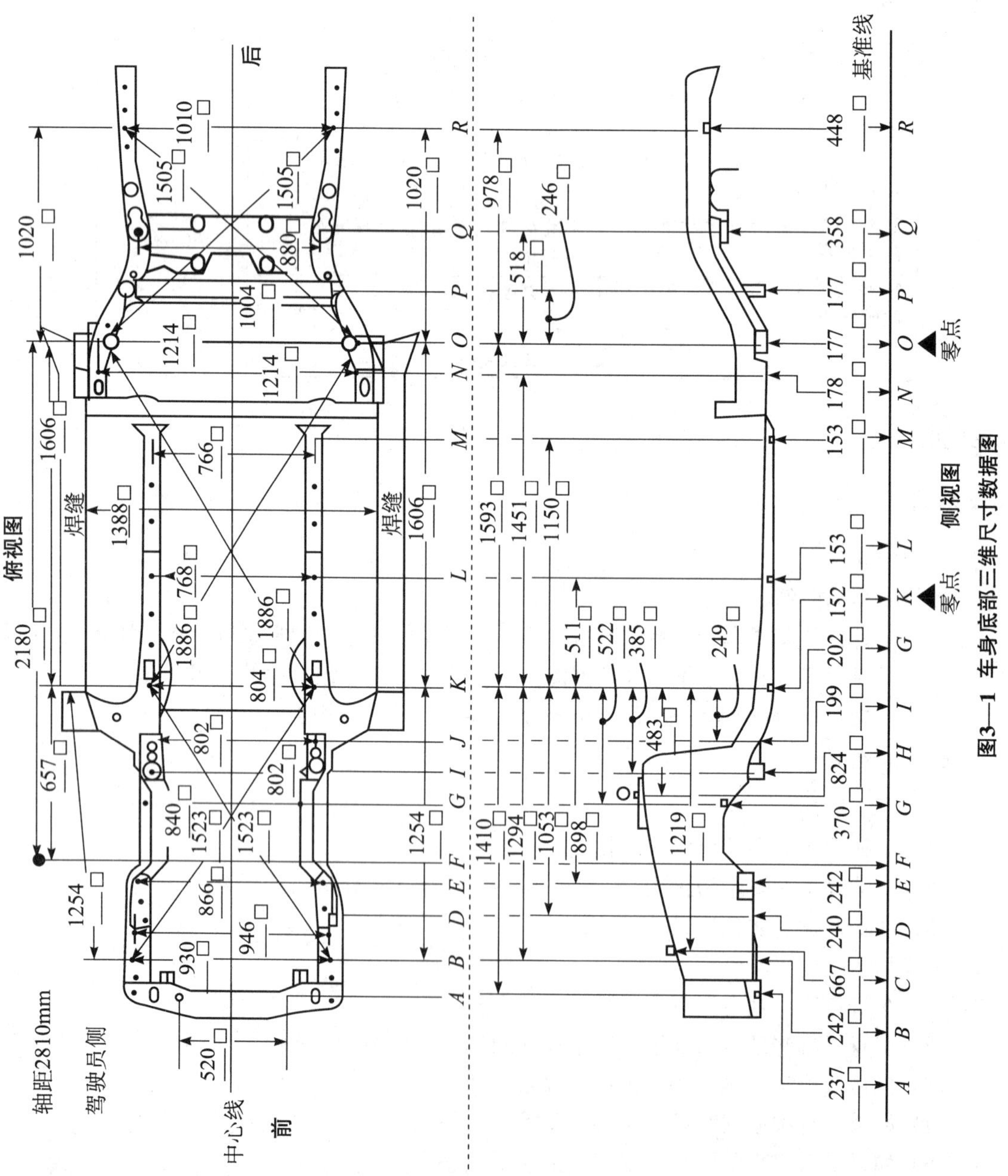

图3—1 车身底部三维尺寸数据图

图 3—1 的上半部分是俯视图，下半部分是侧视图，用一条虚线隔开。图的左边代表车身的前部，右边代表车身的后部。

（2）读取宽度数据，方法如下：

1）找到宽度基准。在俯视图中间位置有一条贯穿左右的黑实线，这条线就代表中心面，是宽度数据的基准。

2）读取宽度数据。俯视图上的黑点表示车身上的测量点，一般的测量点是沿中心面对称的。两个黑点之间的距离有数据显示，单位是毫米（有些数据图还会在括号内标出英制数据，单位是英寸），每个测量点到中心面的宽度数据是图上标出的数据值的二分之一。

（3）读取高度数据，方法如下：

1）找到高度基准。在侧视图的下方有一条较粗的黑线，这条线就是车身高度的基准线。

2）读取高度数据。在基准线的下方有从 A 至 R 的字母，表示车身测量点，一般每个字母表示的测量点分别对应俯视图上沿中心面对称的两个测量点。侧视图上每个点到高度基准线的距离都有数据表示，这些数据就是测量点的高度值。

（4）读取长度数据，方法如下：

1）找到长度基准。在高度基准线的字母 K 和 O 的下方各有一个小黑三角，表示 K 和 O 是长度方向的零点。K 点是车身前部测量点的长度基准，O 点是车身后部测量点的长度基准。

2）读取长度数据。从 K 点向上有一条线延伸至俯视图，在虚线的下方位置可以看出汽车前部每个测量点到 K 点的长度数据；从 O 点向上有一条线延伸至俯视图，在虚线的下方位置可以看到汽车后部每个测量点到 O 点的长度数据。

（5）读图举例：确定 A 点的长、宽、高的尺寸。

1）首先要在图中找出 A 点在俯视图和侧视图上的表示位置。

2）从俯视图中可以找出对称 A 点之间的距离是 520mm，A 点至中心线的宽度值是前述距离的一半 260mm。

3）从侧视图的高度基准线可以找出 A 点的高度值为 237mm。

4）从 A 点和 K 点的向上延伸线可以找出 A 点的长度值为 1 410mm。

⚠ 注意：

当使用三维尺寸数据图配合测量系统进行测量时：

- 首先调整测量系统的宽度基准与车辆的宽度基准一致或平行；
- 然后调整车辆的高度，让车辆的高度基准与测量系统的高度基准平行；
- 长度基准在车身下部的基准孔位置；
- 找到基准后，可以使用各种测量头对车身进行三维测量。

2. 读车身上部三维尺寸数据图

实训教师为学生提供一套车身上部三维尺寸数据图，并指导学生正确识图，能正确找出车身底部测量点的三维尺寸。

（1）选择一个车身上部三维尺寸数据图后，首先概览全图，如图 3—2 所示。

图 3—2 的左侧表示汽车前方，显示了包括发动机罩铰链位置、前后风窗、前后门、背门、角窗，以及前、中、后立柱的尺寸数据。

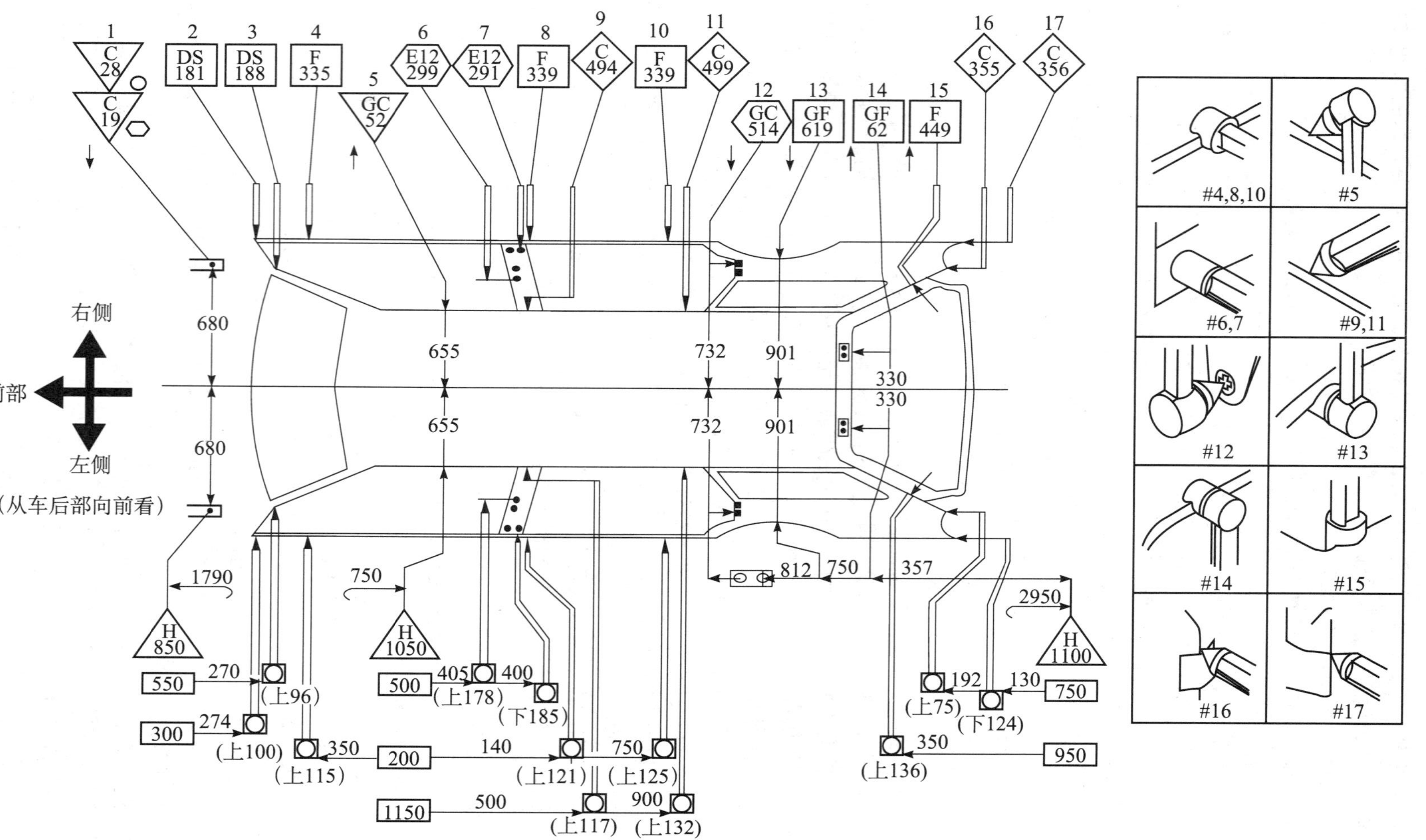

图3—2 车身上部三维尺寸数据图

（2）读取宽度数据，方法如下：

1）在俯视图的中心部位有一条线把车身一分为二，这条线就是中心面。

2）车身上的测量点用1～17的数字表示，每个数字代表车身上左右两个测量点。通过每个测量点到中心面显示的数据可以直接读出宽度数据。

（3）读取高度数据，方法如下：

1）在数据图的上方有一排图标，有六边形、正方形、三角形和菱形等，内部有C、E、F、DS、GF、GC等字母和数字。六边形表示测量点是一个螺栓；正方形表示测量部件的表面；数据图下部的三角形表示测量的基准位置的变化情况，H表示基准升高；菱形表示非重要测量点。

2）C、E、F、DS等字母表示测量时所用测量头的型号，G表示要用G型测量头与其他测量头配合使用。数字表示高度数值。

（4）读取长度数据，方法如下：

1）找到长度基准。上部测量点长度的基准与车身底部测量点的长度基准一致，一般有前后两个长度基准。

2）读取长度数据。数据图下部箭头上的数值为测量点的长度尺寸，读取数值时要分清是以哪个基准点开始的。

（5）读图举例：确定1点的长、宽、高数据。

1）首先找到1点在车身上的位置，可以读出左右1点到中心面（线）的宽度数据为680mm。

2）在数字1的上方有两个倒三角以及圆圈和六边形标志，内有字母C及数字28和19，表示用C型测量头测量1号圆孔时，高度数据值是28mm，用C型测量头测量1号螺栓时，高度数据值是19mm。

3）在1点的延伸线的下部有标有数字1 790的弯箭头，表示1点位于车身后部基准点前方1 790mm处。

4）同时要注意：在1点的延伸线的下部还有一个内部有字母H和数字850的三角形标志，850表示1点的高度尺寸是在以此高度基准向上850mm为新的高度基准测得的。

二、使用龙门式车身测量系统测量车身尺寸

1. 调整车辆基准与测量系统基准

（1）使用拖车器将车辆拉上车身校正仪平台，尽量要把车辆放置在平台的中部。

（2）调整四个主夹具的位置和钳口开合程度，车身底部裙边要完全落入主夹具的钳口中。

（3）调整基准高度。车身被安置在车身校正仪上时，按照这套测量系统的要求调整基准高度，如图3—3所示。

（4）安装基准点测量尺。把测量尺放入到车身底部，在测量尺上安装固定座和测量锥头（按照车身三维尺寸数据图选择合适的测量锥头），选择车身中部的四个测量基准点进行定位测量，如图3—4所示。

（5）找宽度中心。测量车身中部前后基准点的宽度尺寸，调整车身横向位置，使得前后两边基准点的宽度尺寸相等。这时测量系统的中心线和车辆的中心线是重合的，如图3—5所示。

图 3—3　调整基准高度

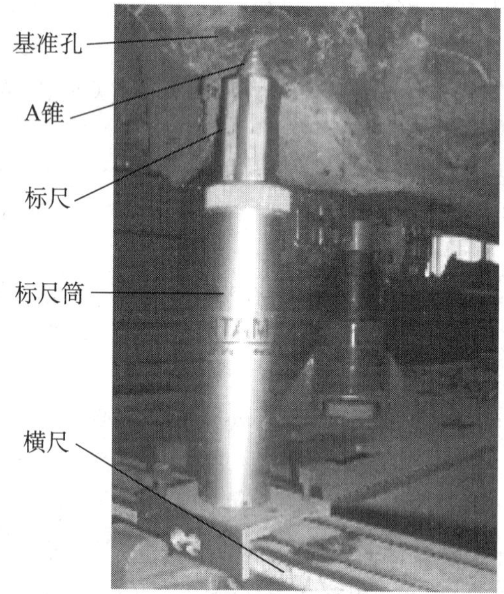

图 3—4　安装基准点测量标尺

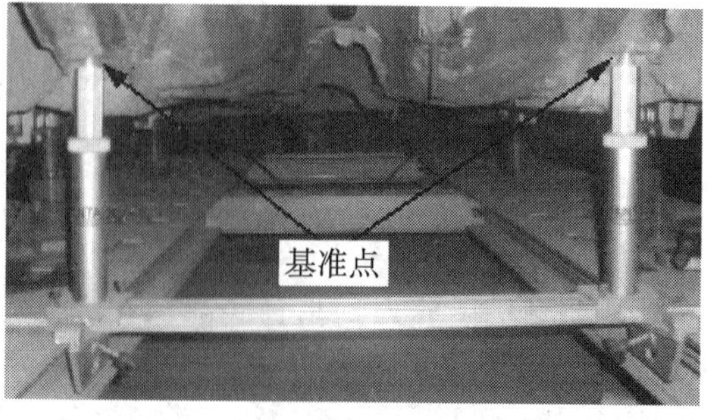

图 3—5　通过左右基准找到宽度中心

（6）选择长度方向的基准点。

1）如果汽车前部碰撞就选择后面的基准点作为长度基准点。

2）如果汽车后部碰撞就选择前面的基准点作为长度基准点。

3）如果汽车中部碰撞，就需要先对车辆中部进行整修，直到中部四个基准点有三个尺寸校准后，再按照前后损坏的情形选择前面或后面的基准点作为长度基准点。

（7）完成龙门式车身测量系统的安装。

1）将底部测量尺安装到校正仪平台上，在底部横尺的两端安装测量高度的立尺；

2）然后在立尺上安装测量车身上部尺寸的量规，以及测量车身侧面尺寸的量规。

龙门式车身测量系统组装完成后就可以进行车身尺寸的测量了，如图 3—6 所示。

图 3—6　组装完成的龙门式车身测量系统

2. 测量车身尺寸

（1）选择量杆和测量头。在车身上找出要测量的点后，在数据图上找出相应的标准数据，然后选择正确的量杆和测量头，安装在中心线杆（横尺）上，使测量头与要测量的测量点配合，如图 3—7 所示。

图 3—7　测量车身底部尺寸

⚠ **注意：**

在测量车身底部尺寸时，测量头的选择正确与否非常重要，选择错误的测量头，那么测量的高度尺寸数据将是错误的。

（2）车身底部测量点的测量。

1）测量点的长度尺寸通过移动标尺固定座上的孔来读取，如图 3—8 所示。

2）宽度数据从测量横尺上读出。

3）高度数据从不同高度的量杆上读出。

4）测量的点的三维数据读出来后，与标准数据对比就可以知道数据的偏差，从而可以判断车身的变形程度。

图 3—8　读出长度数据

（3）车身侧面测量点的测量。

1）根据图纸的要求把立尺放置在底部测量横尺上，设置好立尺的长度基准。

2）在立尺上安装量规。

3）对侧面测量点或测量面进行数据测量和对比测量，如图 3—9 所示。

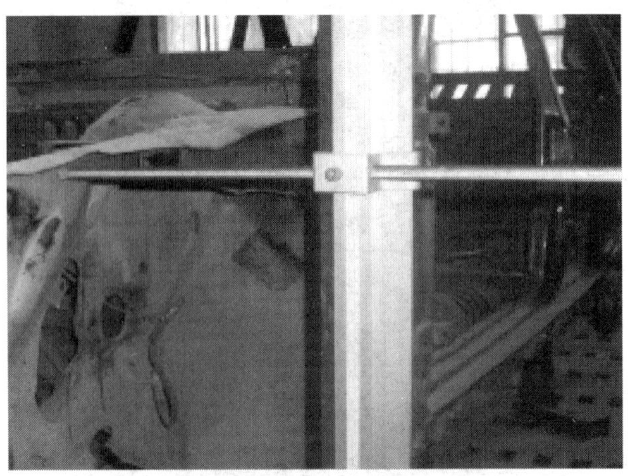

图 3—9　侧面数据的测量

(4) 上部尺寸的测量。

1) 根据图纸的要求把立尺放置在底部测量横尺上，设置好立尺的长度基准。

2) 调整上横尺高度的基准，把上横尺安装到左右两个立尺上。

3) 调整上横尺的宽度基准，然后把量规安装在上横尺上。

4) 组装完成以后，就可以对发动机室或行李箱的上部尺寸进行测量，如图 3—10 所示。

图 3—10　上部尺寸的测量

(5) 拉伸操作中的测量。

在拉伸过程中进行测量时，可以先把测量头按车身某测量点的标准宽度、长度和高度固定，然后进行拉伸操作，当测量点拉伸到测量头的位置时，拉伸校正完成。用多个测量头可以同时测量几组要拉伸的数据，同时监控拉伸中数据的变化情况，保证修理后车身尺寸的准确性。

检验实训能力阶段

要求学生选择合适的车身测量设备，测量车身 8 处三维尺寸，要求独立完成准备、组装、测量及结果分析等工作。检查学生能否正确使用设备，能否准确完成教师设定的任务。

学生实训记录单

班　级		姓　名	
学　号		日　期	
实训内容	车身三维尺寸的机械法测量		

1. 从“车身底部三维尺寸数据图”中读取车身测量点尺寸数据，并记录。

(1) 长度方向的基准是__________，同一点是否可以读出 2 个长度尺寸数据？是□　否□。说出形成这种情况的原因：____。

(2) 宽度方向的基准是____。

(3) 高度方向的基准是____。

(4) 任意选取数据图中基准点以外的 4 点，读出它们的尺寸数据。

①____号点长：____宽：____高：____；②____号点长：____宽：____高：____。

③____号点长：____宽：____高：____；④____号点长：____宽：____高：____。

2. 从“车身上部三维尺寸数据图”中读取车身测量点尺寸数据，并记录。

(1) 读图时要先找到长度、宽度基准：

宽度基准：_________________________。车身上的测量点用________表示，每个数字代表车身上左右两个测量点。

高度基准：在数据图的上方有一排图标，内部有字母和数字。六边形表示测量点是__________，正方形表示测量部件的__________，数据图下部的三角形表示__________位置的变化情况。C、E、F、DS 等字母表示测量时__________的型号。数字表示__________数值。

(2) 任意选取数据图中基准点以外的 4 点，读出它们的尺寸数据。

①____号点长：____宽：____高：____；②____号点长：____宽：____高：____。

③____号点长：____宽：____高：____；④____号点长：____宽：____高：____。

3. 使用龙门式车身测量系统测量车身尺寸：

(1) 车身测量基准点的尺寸为：__________________________________。

(2) 在车身不同部位共选取 8 个测量点，分别测出 8 个点的三维尺寸：

①长________宽________高________；②长________宽________高________。

③长________宽________高________；④长________宽________高________。

⑤长________宽________高________；⑥长________宽________高________。

⑦长________宽________高________；⑧长________宽________高________。

4. 根据读取的数据分析车身是否存在变形？是□　否□

5. 本次实训存在的疑问有哪些？最大的难点是什么？有何改进建议？

教师评语： 年　月　日	本次实训成绩

实训考核记录单

课程：汽车钣金实训教程

时间：50min　　班级：________学号：________姓名：________

考核项目：车身三维尺寸的机械法测量					
序号	考核内容	配分	考核记录	扣分	得分
1	安全与卫生习惯	10			
2	准备工作	10			
3	操作流程	60	1. 学生记录： 2. 教师记录：		
4	学生实训记录单	20			
5	完成时限				
	得分合计				

考核教师：________________　________年________月________日

实训四

车身尺寸的电子测量方法

实训计划

实训能力目标	实训内容及时间安排（分钟）		建议学时
1. 掌握超声波车身测量系统的使用方法。 3. 能够使用超声波车身测量系统进行车身修复过程的测量。 4. 掌握使用红外线车身测量系统测量车身尺寸的方法。 5. 掌握红外线车身测量系统的就车检测方法。 6. 培养学生独立分析、解决问题的能力。	使用超声波车身测量系统测量车身尺寸	50	4 学时 （200 分钟） 可根据学生的掌握情况，适当调整课时
	使用红外线车身测量系统测量车身尺寸	50	
	使用红外线车身测量系统就车检测车身尺寸	50	
	学生完成记录单	10	
	考核	30	
	教师总结及信息反馈	10	

实训过程

一、实训准备阶段

教师的准备工作

教师在实训前的准备：

（1）设备：整体式车身一台、实训轿车一台、车身校正平台、红外线车身测量系统、超声波车身测量系统、空气压缩机、拉伸系统。

（2）工具：常用工具。

学生的准备工作

学生在实训前的准备：

（1）了解本次实训课所要求的技能。

（2）穿戴好个人安全防护用品：工作服、工作帽、工作鞋、防护手套、防护眼镜。

（3）准备好学生实训记录单。

思考如下问题：

（1）电子车身测量系统有哪些优点？

（2）超声波车身测量系统的使用要点有哪些？

（3）红外线车身测量系统如何使用？

（4）电子车身测量系统还有哪些应用？

实训阶段

实训时要求学生穿好工作服、工作鞋，戴好工作帽和线手套。

一、超声波车身测量系统的使用

信号接收装置安装在测量横梁上，发射器发送超声波，由于声音是以等速传播的，所以接收器可快速精确地测量声波在车辆上不同基准点之间传播所用的时间。计算机根据每个接收器的接收情况自动计算出每个测量点的三维数据，如图 4—1 所示。

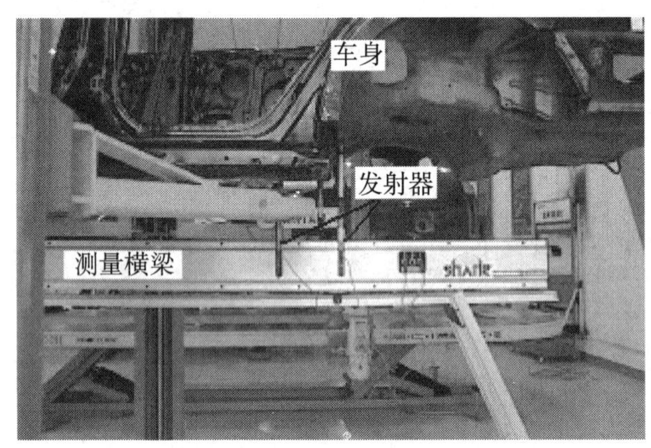

图 4—1　超声波测量系统

1. 安放测量横梁

（1）将车辆举升到一定高度，把测量横梁安放到车身下部。

（2）调整车身下部的最低点与横梁下平面的距离在 30～40cm 之间，如图 4—2 所示。

图 4—2　安放测量横梁

注意：

最好使测量横梁的前方与车辆前方一致，横梁支架要牢固，车辆举升位置应稳定，如图 4—3 所示。

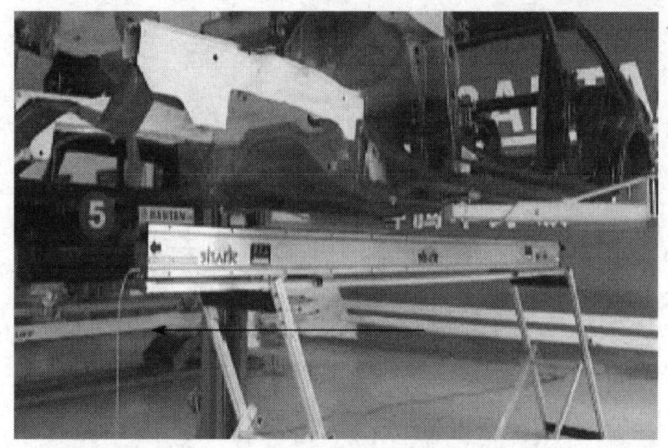

图 4—3　横梁与车辆方向一致

2. 系统连接

将测量横梁与控制电脑相连，要求采用稳压电源，如图 4—4 所示。

图 4—4　超声波测量横梁与电脑连接

3. 开机进入系统界面

（1）选择语言的种类，如图 4—5 所示。为了方便各国的使用者，系统内安装了包括汉语在内的多种主要语言。

图 4—5　测量系统语言的选择界面

（2）选择车辆型号。

1）记录用户信息，包括车辆的信息和车主的信息，这些信息可以与后面测量的结果一起存储，方便以后再次查询，如图 4—6 所示。

2）根据车辆的类型选择汽车公司、汽车品牌、生产年代，从数据系统内调出符合的车型数据图，如图 4—7 所示。

（3）选择测量基准。根据车辆的损坏情况来选择长度基准，如图 4—8 所示。

1）若汽车前端发生碰撞则选择后面的基准点作为长度基准。

2）若汽车的后端发生碰撞则选择前面的基准点作为长度基准。

3）如果车身中部发生碰撞，则要对车身中部进行整修，直到车身中部四个基准点有三点的尺寸被恢复。

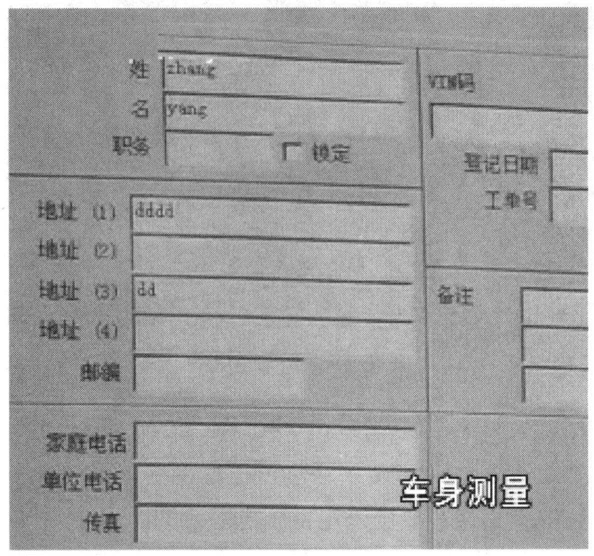

图 4—6 记录用户信息

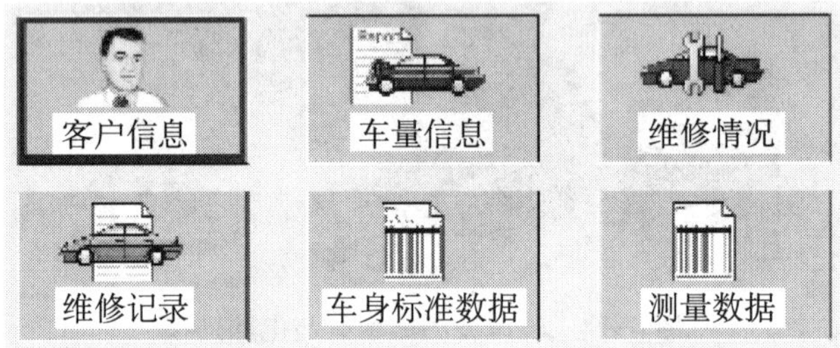

图 4—7 车辆与车主信息界面

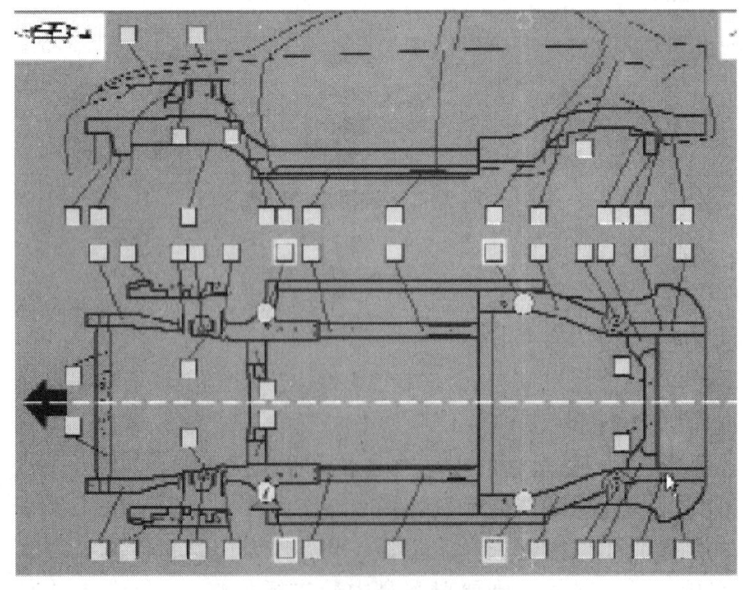

图 4—8 长度基准的选择界面

4. 安装测量点传感器

(1) 根据车身的损坏情况来选择车身上哪些点需要测量，按照计算机的提示选择合适的安装头，如图 4—9 所示。

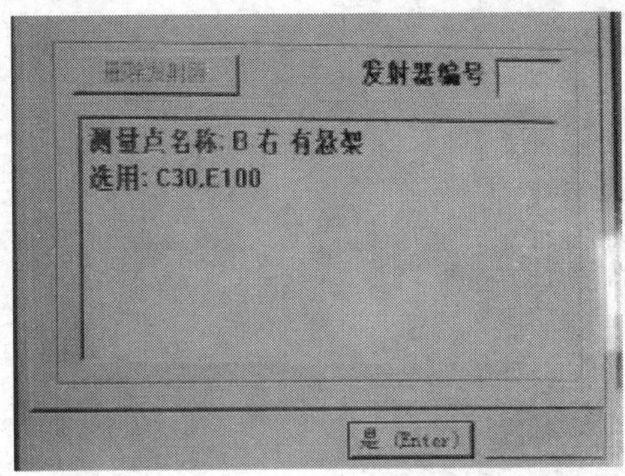

图 4—9　界面提示选择合适的安装头

(2) 如果对要测量的车身不是太熟悉，计算机还可以显示测量点的位置图片。

(3) 根据测量点的实际情况，选择探头。

1) 如果安装位置是孔，需要使用孔探头，如图 4—10 所示。

图 4—10　孔探头

2) 如果安装位置是螺栓，需要选择螺栓探头，如图 4—11 所示。

图 4—11　螺栓探头

3）如果安装位置在立面上，需使用转换接头改变方向，如图 4—12 所示。

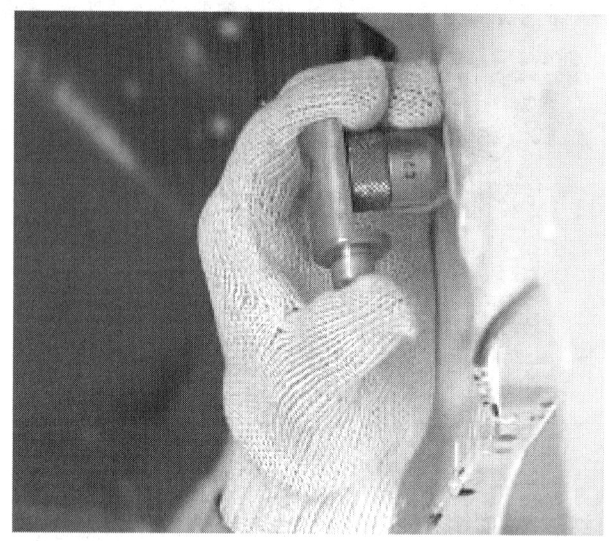

图 4—12　转接接头

4）如果长度不合适，可以选择长度合适的加长杆补偿，如图 4—13 所示。

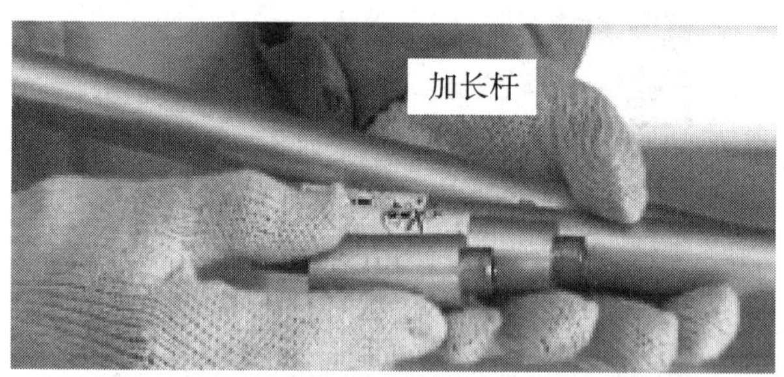

图 4—13　加长杆

（4）将发射器根据要求安装到车身测量点的测量孔或螺栓头上。
（5）把传感器的连接线连接到选定的接口上，完成测量头的安装，如图 4—14 所示。

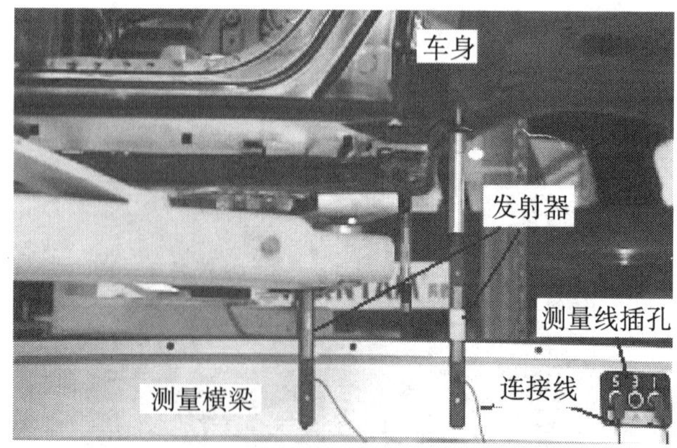

图 4—14　发射器安装并连接

5. 选择测量模式

系统有悬架模式和无悬架模式，可根据实际情况选定。

（1）如果车身已经将悬架拆掉，就选择无悬架模式。

（2）如果车身未将悬架拆掉，就选择有悬架模式。

6. 测量

（1）基准点的测量。计算机根据需要能自动地把基准点的测量数值显示出来，包括测量点的实际数值、标准数值和两者差值，如图 4—15 所示。

所选点的数据表

b (右)	长度	宽度	高度
标准数据	0	510	65
测量值	-35	589	69
差值	→ 35	79	↑ 4

另一侧

b (左)	长度	宽度	高度
标准数据	0	510	65
测量值	35	589	61
差值	← 35	79	4

车身测量

图 4—15　显示测量数据

（2）其他点的测量。基准点的尺寸测量完成以后，进行其他点的测量。

1）首先选择需要测量的点，根据提示选择合适的探头。如果对车身结构不是很清楚，计算机还提供测量点的实物参考图片。

2）将测量探头安装到测量点上进行测量。计算机会把测量点的实际数值、标准数值和两者的差值显示出来。

7. 拉伸校正中的测量

在拉伸校正中，超声波测量系统可以一次测量多个测量点，能同时对几个点进行测量监控。可以选择持续测量实时监控模式，系统会自动间隔很短的时间发射一次超声波进行测量，并把最新的测量结果在显示器上实时显示。在校正过程中，修理人员可以很直观地观察到车身尺寸的变化情况，如图 4—16 所示。

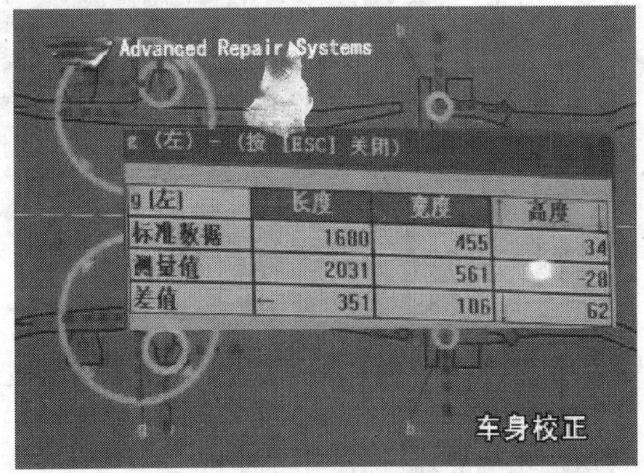

图 4—16　拉伸校正中数据的显示界面

8. 测量完成

车身测量完成后，可以将测量的数据进行存储及打印，如图 4—17 所示。

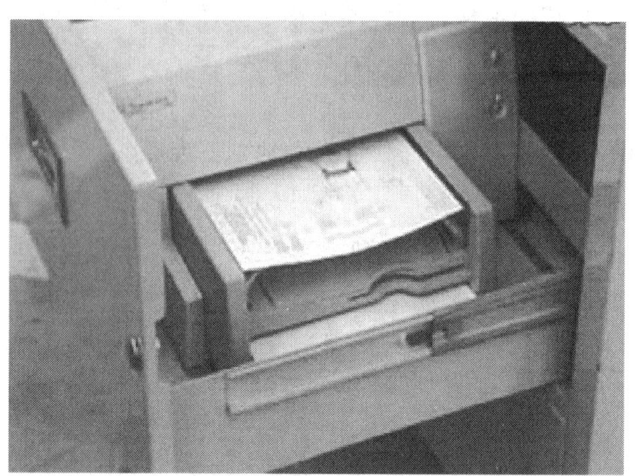

图 4—17 打印测量数据

二、红外线车身测量系统的使用

红外线车身测量系统包括反射靶、一个红外线发射接收器和一台计算机。这种电子车身测量系统，不但能测量独立车身的尺寸，还能在不拆卸车身零件的情况下直接进行测量。

1. 安装车身

将车身装到校正平台上，调整好高度并固定好。车身最好安装在校正平台的中部。

2. 连接系统

(1) 在车辆的中部下面放置红外线发射接收器，然后将红外线发射接收器的电缆插到计算机上，如图 4—18 所示。

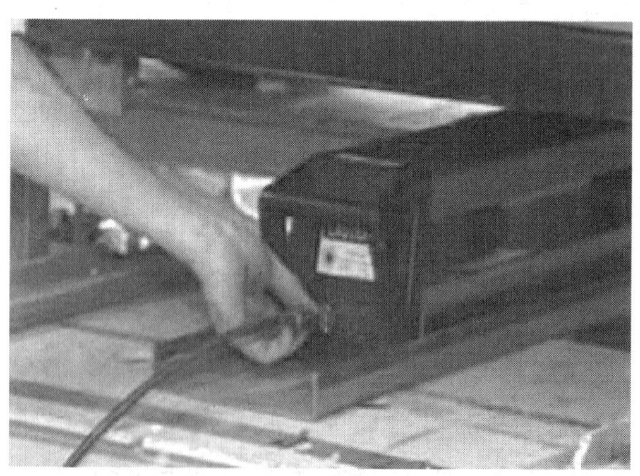

图 4—18 连接红外线发射接收器

(2) 计算机开机，进入车身测量界面。输入车型信息，调出被修车辆的车身尺寸数据图。

(3) 选择测量基准。根据车辆的损坏情况选择长度基准。

1) 若汽车前端发生碰撞，则选择后面的基准点作为长度基准。

2）若汽车后端发生碰撞，则选择前面的基准点作为长度基准。

3）如果车身中部发生碰撞，则要对车身中部进行整修，直到车身中部的四个基准点有三点的尺寸被恢复。

（4）按照电脑的提示选择合适的标靶、标杆和磁性安装头，并安装到车辆上的测量点上。

1）如果对车身结构不是很清楚，可参考电脑提供的测量点的实物参考图，如图 4—19 所示。

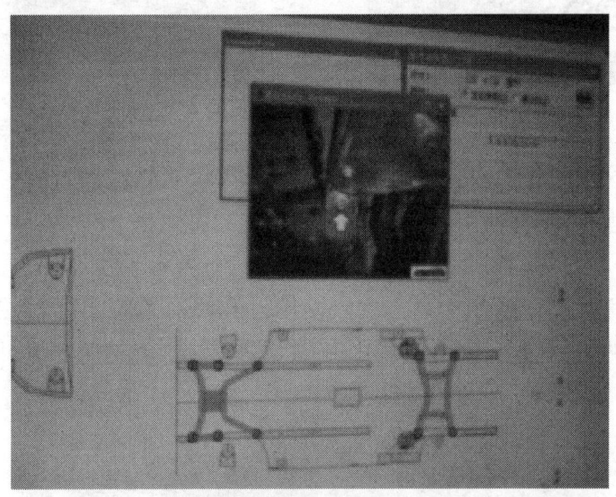

图 4—19　测量点的实物参考图

2）安装在测量孔上的磁性（或弹簧片）安装头通常存放在机柜里，它们可以张大便于安装在车身不同尺寸的孔上，如图 4—20 所示。

图 4—20　选择安装头

3）标靶也存放在机柜里，有长短之分，在标靶的背面标有区分数字，如图 4—21 所示。

4）由于车身测量点大部分是左右对称的，因此我们在安装标靶的时候，习惯于将单号标靶安装在车身左侧的测量点上，将双号标靶安装在车身右侧的测量点上，如图 4—22 所示。

5）为了测量车身上部的各个点，要在车辆的悬架拱形座（挡泥板上冲压成形的减振

图 4—21　选择标靶

图 4—22　安装标靶

器支座）上安装一个专用支架。在量针接触悬架拱形座上的特定点时，支架底部的标靶反射的红外线就可以被红外线发射接收器读取。

3. 测量

安装好红外线发射接收器和标靶之后，使用计算机对系统进行标定，再读取车辆的尺寸，之后通过一系列计算机命令，就可由测量系统完成对结构损伤的精确测量，如图 4—23 所示。

图 4—23　测量尺寸

（1）基准点的测量。计算机根据需要能自动地把基准点的测量数值显示出来，包括测量点的实际数值、标准数值和两者差值，如图 4—24 所示。

（2）其他点的测量。基准点尺寸测量完成以后，进行其他点的测量。

1）选择需要测量的点，根据提示选择合适的探头。

2）将测量探头安装到测量点上进行测量。系统会把测量点的实际数值、标准数值和两者的差值显示出来，如图 4—25 所示。

（3）车身测量完成后，可以将测量的数据进行存储及打印。

4. 就车测量车身尺寸

红外线车身测量系统还可以就车测量车身尺寸。测量方法与上述步骤基本一致，只是

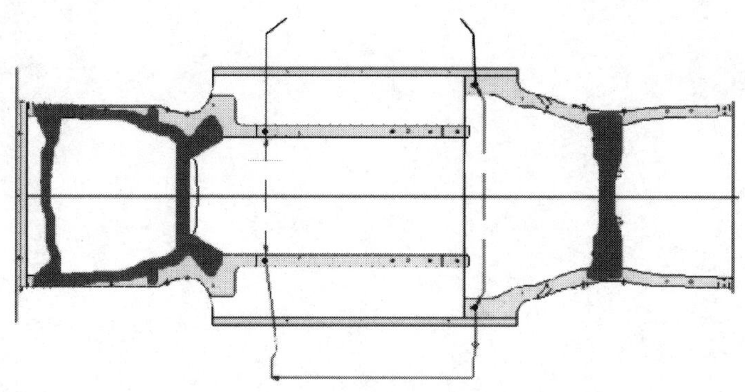

图 4—24　基准点的测量

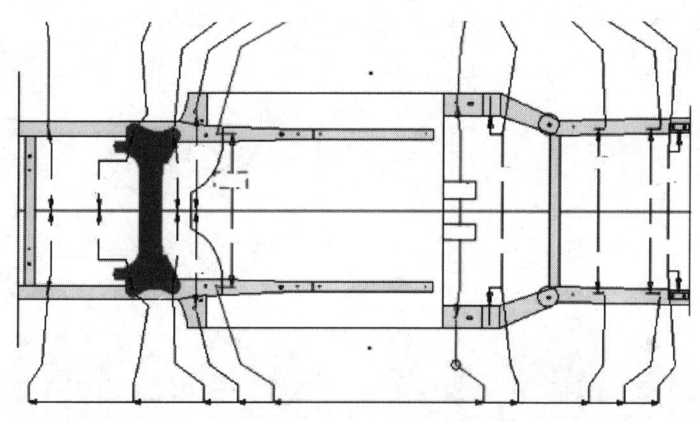

图 4—25　车身测量

在选择测量点的时候有差别，车身上的测量点大部分为螺栓。

检验实训能力阶段

由实训教师在车身上选取 8 个不同位置的点，要求学生进行三维尺寸的电子测量，独立进行操作，并根据测量结果分析车身变形情况。检查学生能否正确使用设备，能否准确完成教师设定的任务。

学生实训记录单

班　级		姓　名	
学　号		日　期	
实训内容	车身尺寸的电子测量方法		

1. 使用超声波车身测量系统测量车身尺寸。

（1）连接系统的要点有：____。

（2）车身测量的关键点有：____。

（3）在车身上选取8个点进行测量，记录数据：

①长________宽________高________；②长________宽________高________。

③长________宽________高________；④长________宽________高________。

⑤长________宽________高________；⑥长________宽________高________。

⑦长________宽________高________；⑧长________宽________高________。

（4）通过测量数据，分析车身存在的变形情况：____。

2. 使用红外线车身测量系统测量车身尺寸。

（1）连接系统的要点有：____。

（2）进行车身测量时的关键点有：____。

（3）在车身上选取8个点进行测量，记录数据：

①长________宽________高________；②长________宽________高________。

③长________宽________高________；④长________宽________高________。

⑤长________宽________高________；⑥长________宽________高________。

⑦长________宽________高________；⑧长________宽________高________。

（4）通过测量数据，分析车身存在的变形情况：____。

3. 本次实训存在的疑问有哪些？最大的难点是什么？有何改进建议？

教师评语： 年　月　日	本次实训成绩

实训考核记录单

课程：汽车钣金实训教程

时间：30min　班级：__________学号：__________姓名：__________

考核项目：车身尺寸的电子测量方法					
序号	考核内容	配分	考核记录	扣分	得分
1	安全与卫生习惯	10			
2	准备工作	10			
3	操作流程	60	1. 学生记录： 2. 教师记录：		
4	学生实训记录单	20			
5	完成时限				
	得分合计				

考核教师：________________　________年________月________日

实训五

钣金件手工成形

实训计划

实训能力目标	实训内容及时间安排（分钟）		建议学时
1. 掌握金属板件的划线方法。 2. 掌握金属板件的剪切方法。 3. 掌握金属板件的各种手工成形方法。 4. 提高学生的动手能力。	使用平整钢板弯“S”形和“⺇⺃”形件	20	5学时 (250分钟) 可根据学生的掌握情况，适当调整学时
	利用放边和收边工艺制作凹曲线弯边零件	100	
	练习卷边工艺	30	
	练习咬缝工艺	30	
	学生完成记录单	10	
	考核	50	
	教师总结及信息反馈	10	

实训过程

一、实训准备阶段

教师的准备工作

教师在实训前的准备：

（1）设备：台虎钳、划线平台、钣金平台、方箱、V形块。

（2）材料：1mm厚铁板（可用木板或硬纸板代替）、铁丝、轿车前翼子板、方木块。

（3）工具：划针、钢板尺、直角尺、划线盘、高度尺、划规、角度规、样冲、粉线、钢板剪刀（剪金属）、橡胶锤、起皱钳、槽钢（长30cm）、圆钢（长30cm）、其他常用工具。

学生的准备工作

学生在实训前的准备：

（1）了解本次实训课所要求的技能。

（2）穿戴好个人安全防护用品：工作服、工作帽、工作鞋、手套、防护眼镜、耳塞。

（3）准备好学生实训记录单。

思考如下问题：

（1）如何在金属板材上规范划线？

（2）如何在金属板上剪出规范的几何形状？

（3）如何手工制作“S”形件和“⺇⺃”形件？

（4）如何进行板件的放边操作？

（5）如何进行卷边和咬缝？

（6）如何用掌握的基本成形工艺，制作一块形状复杂的车身板件？

实训阶段

一、劳动安全

1. 常规防护

穿工作服、工作鞋，戴手套、工作帽。

2. 耳部防护

当进行钣金敲打作业时，一定要佩戴耳塞。耳塞的使用和保养方法如下：

（1）佩戴。

1）先把耳朵向外和向上拉起，再插入耳塞，直到耳道感觉耳塞已佩戴密合好，如图5—1所示。然后调整耳塞到最佳降噪状态。

2）取出耳塞时，先慢慢地旋松，然后再逐步取出。

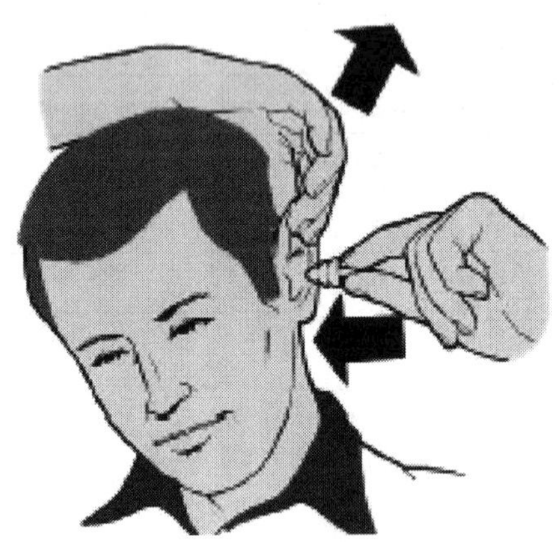

图5—1　佩戴耳塞

注意：

快速取出耳塞可能会伤害到耳膜。

（2）耳塞佩戴的密合性检查。

用双手手掌交替地盖住和放开双耳，听外面的噪声，如果前后听到的噪声水平没有区别，说明耳塞佩戴密合良好。

（3）耳塞的维护和保存。

1）定期用温水或中性肥皂水清洗耳塞。

2）定期检查耳塞是否有撕裂或破损。

3）如有破损，要及时更换。

3. 眼部防护

在进行锤击、钻孔、磨削和切削等操作时，要佩戴防护眼镜，如图5—2所示。

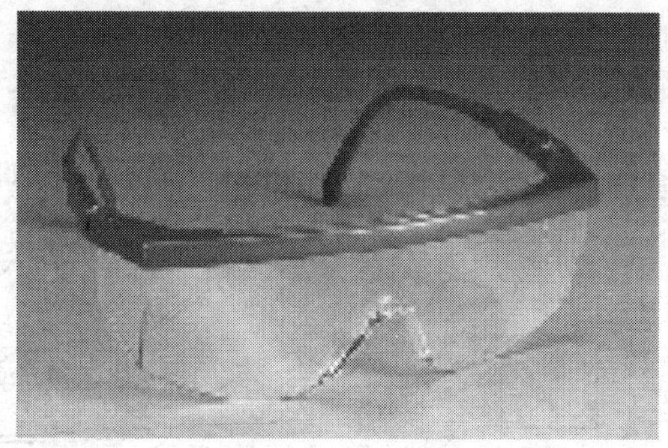

图 5—2　防护眼镜

⚠ 注意：

防护眼镜的材质要采用抗冲击的材料，否则眼镜受到冲击损坏，会对眼睛造成更为严重的二次伤害。

二、钣金下料

1. 划线

划线前通常将 V 形块或方箱放在划线平板上，再将工件靠在 V 形块或方箱上，然后用划线工具进行划线，如图 5—3 所示。

⚠ 注意：

（1）划线平板工作表面应经常保持清洁。

（2）工件和工具在划线平板上要轻拿轻放，不可损伤工作面。

（3）划线平板用后要擦拭干净，并涂上机油防锈。

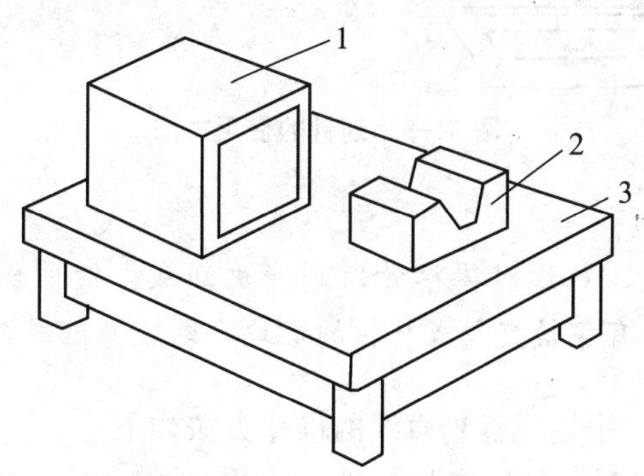

图 5—3　划线平板、方箱和 V 形块

1—方箱；2—V 形块；3—划线平板

（1）划直线。

1）用钢板尺和划针划直线。用钢板尺和划针划直线的方法如下：

① 用钢板尺量取尺寸和测量工件。

注意：

量取尺寸读数时应使视线垂直于测量处，否则会产生读数误差。

② 用钢板尺作为划直线时的导向工具，用划针来进行划线，如图 5—4 所示。

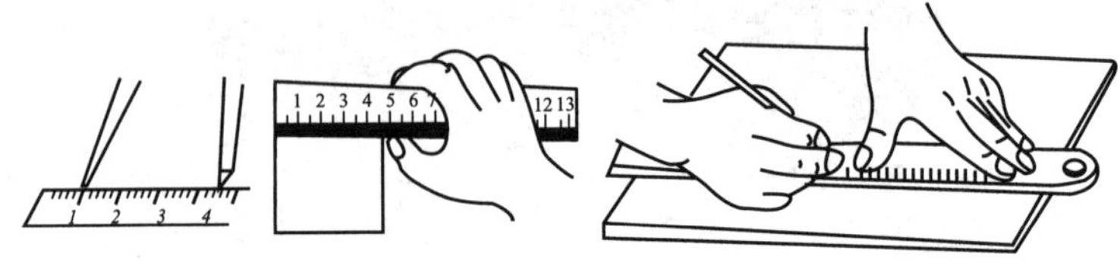

图 5—4　用钢板尺划直线

③ 使用划针时，应使针尖与钢板尺或样板底边接触并向外倾斜 15°～20°，向划线方向倾斜 30°～60°，如图 5—5 所示。

④ 用均匀的压力使划针针尖沿钢板尺或样板移动，划出线来，划线粗细不得超过 0.5mm。

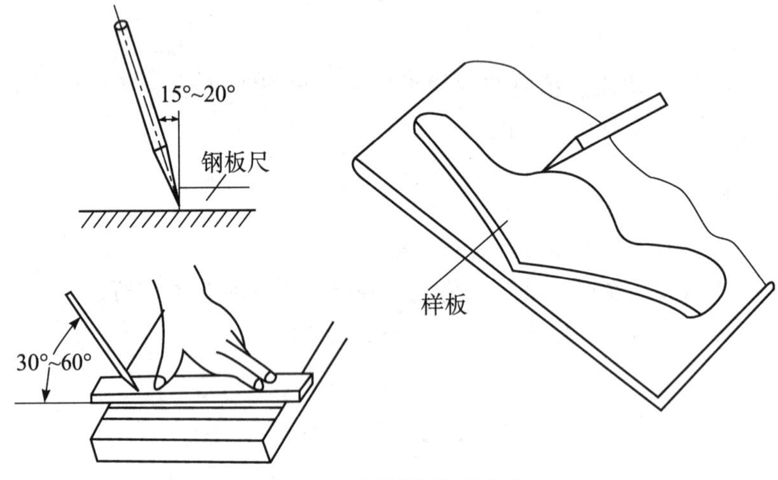

图 5—5　划针的使用方法

注意：

针尖要保持尖锐，划线时要尽量做到一次划成，使划出的线条既清晰又准确。划线时若针尖没有靠紧直尺或样板的底边，则容易造成划线误差。

2）用划线盘划直线。用划线盘划直线的操作方法如下：

① 用划线盘进行划线时，划针应尽量处于水平位置，不要倾斜太大，划针伸出部分应尽量短些，并要牢固夹紧以免划线时产生振动和尺寸变动，如图 5—6 所示。

② 划线盘在划线移动时，底座底面要始终与划线平板平面贴紧，避免摇晃或跳动。

③ 划针与工件划线表面之间保持 40°～60°夹角（沿划线方向），以减小划线阻力和防止划针扎入工件表面。

④ 用划线盘划较长直线时，应采用分段连接划法，以减小划线误差。

⑤ 划线盘用完后应使划针处于直立状态，以保证安全和节省空间。

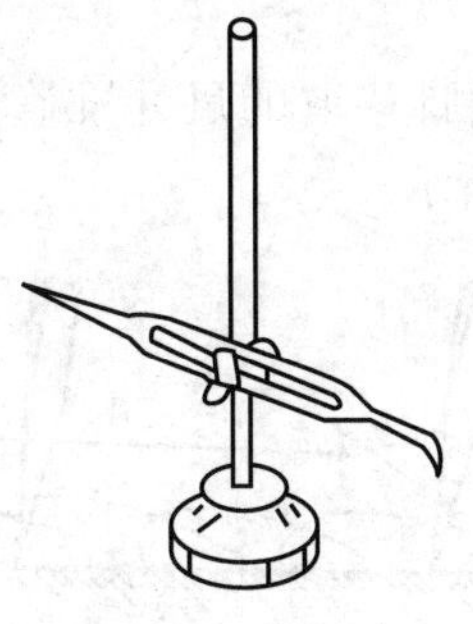

图 5—6　划线盘

（2）划曲线。

1）用样冲定中心点。

① 样冲的顶尖角度用于加强界线标记时大约为 40°，用于钻孔定中心时取约 60°，如图 5—7 所示。

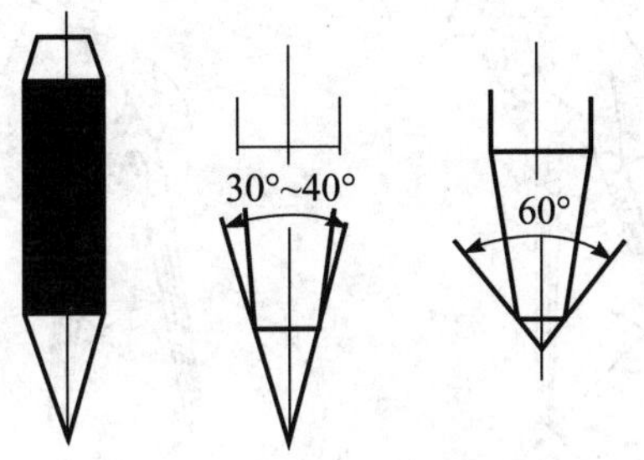

图 5—7　样冲顶尖角度

② 打样冲孔时，要把冲尖对准中心点，斜着放上去；在锤打时，要把样冲竖直，握牢样冲，用锤轻轻敲击，如图 5—8 所示。

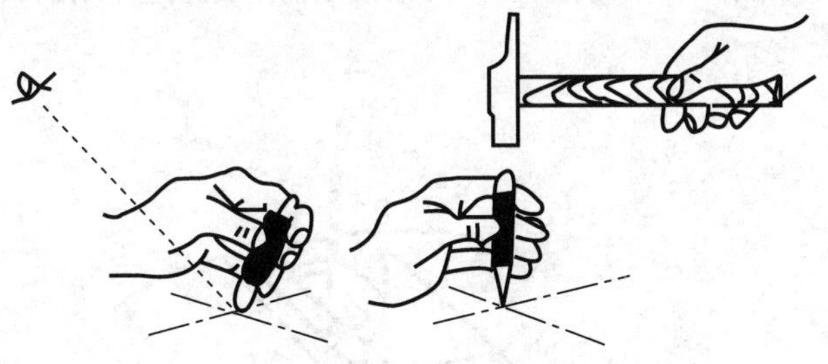

图 5—8　打样冲孔的方法

⚠ 注意：

在使用样冲时：

◆ 敲打位置要准确，中点不可偏离线条。

◆ 在曲线上冲点距离要小些，在直线上冲点距离可大些，在线条的交叉转折处必须冲点。

◆ 在薄壁上或光滑表面上冲点要浅些，在粗糙表面上冲点要深些。

2）用划规划曲线。

① 划圆弧线时，为了使划规尖脚移取的尺寸准确，应在钢尺上重复移取几次，这样可以看出误差的大小，如图 5—9 所示。

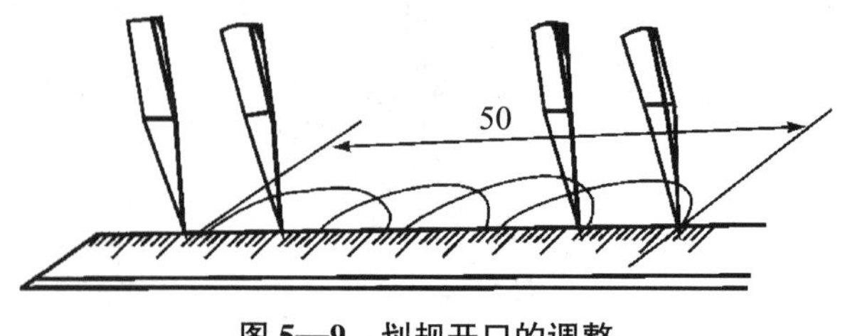

图 5—9　划规开口的调整

② 划圆时，用掌心压住划规顶端，使规尖扎入金属表面或样冲孔中。划圆周线时，常常正反各划半个圆周线而成一个整圆，如图 5—10 所示。

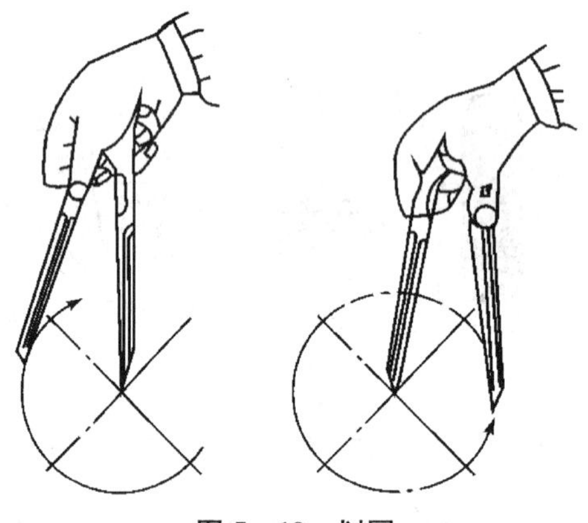

图 5—10　划圆

③ 如果圆弧的中心点在工件的边缘上，可借助于辅助支座进行划圆弧，如图 5—11 所示。

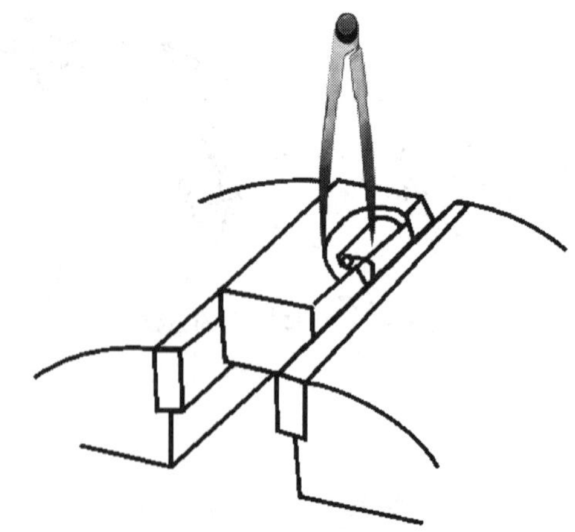

图 5—11　中心点在工件边缘的划法

④ 中心点在工件之外的划法：

◆ 如果圆弧中心点在工件之外，可将一块打样冲孔的延长板夹在工件上，再进行划线，如图 5—12 所示。

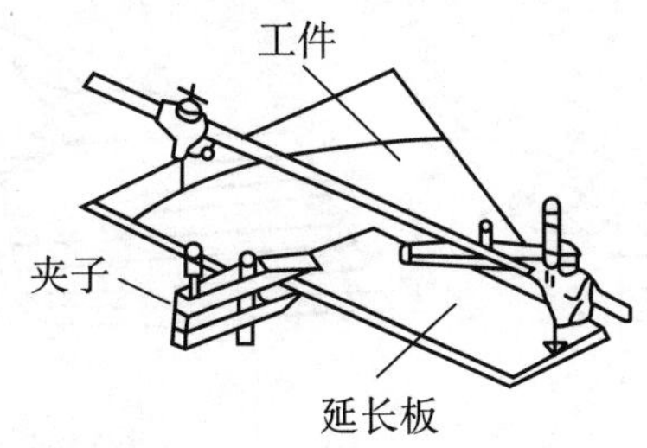

图 5—12　中心点在工件之外

◆ 如果中心点与圆弧线不在同一个平面上，可先将可调尖脚划规的两个尖脚调整到一样长且平行的状态，量取尺寸，然后把 1 只尖脚伸长（或缩短）来抵消高度差，再去划弧线，如图 5—13 所示。否则，划出的弧必将过大。

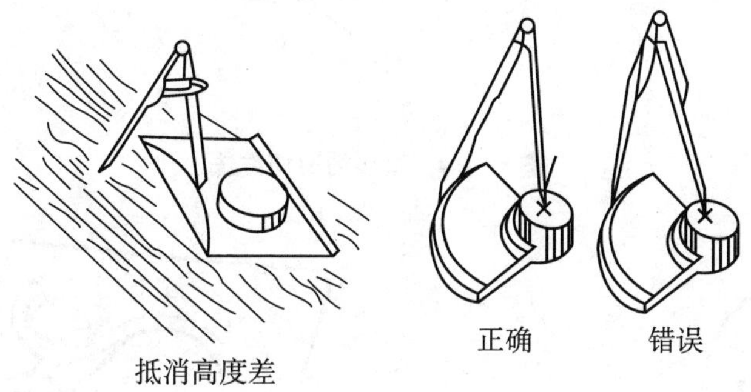

图 5—13　中心点与圆弧线不在同一平面上的划线

2. 剪切板件

（1）直线的剪切方法。

直线的剪切操作方法，如图 5—14 所示。

1）剪切短料直线时，被剪去的那部分，一般都放在剪刀的右面。

2）左手拿板料，右手握住剪刀柄的末端。

3）剪切时，剪刀要张开大约 2/3 刀刃长。上下两刀片间不能有空隙，否则剪下的材料边上会有毛刺。

4）剪切长或宽板材料时，必须将被剪去的部分放在左面，这样可使被剪去的部分向上弯曲。

（2）外圆的剪切方法。

外圆的剪切操作方法，如图 5—15 所示。

1）剪切外圆应从左边下剪。

2）按顺时针方向剪切，边料会随着剪刀的移动而向上卷起。

3）若边料较宽时，可采取剪直线的方法。

（3）内圆的剪切方法。

内圆的剪切操作方法，如图 5—16 所示。

1）剪切内圆时，应从右边下剪。

2）按逆时针方向剪切，边料会随着剪刀的移动而向上卷起。

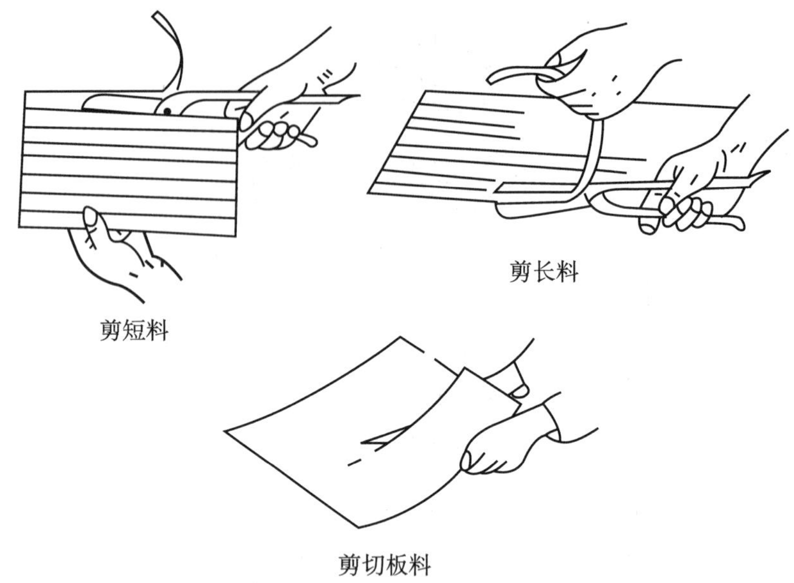

图 5—14　直线的剪切方法

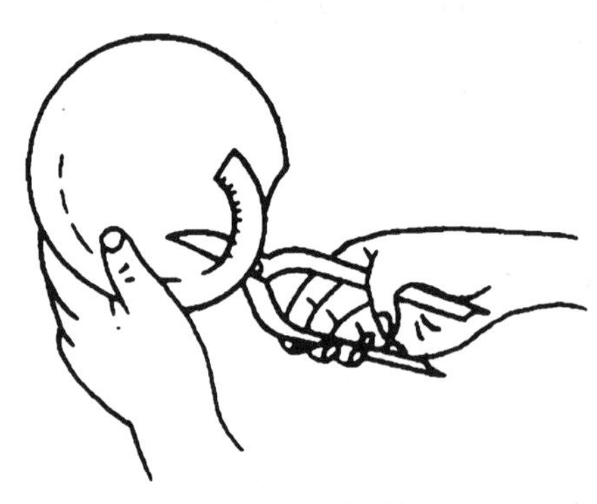

图 5—15　外圆的剪切方法

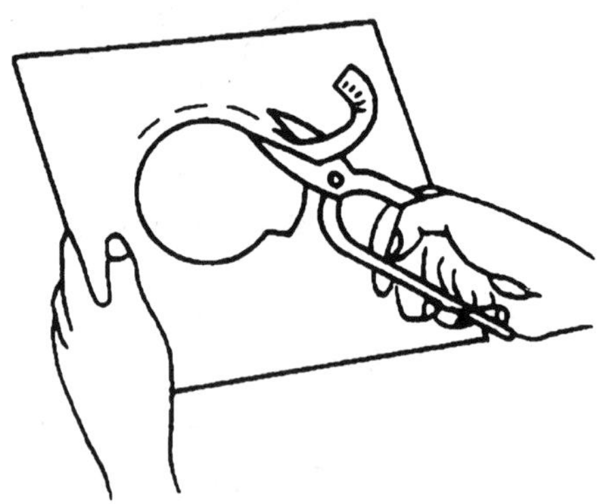

图 5—16　内圆的剪切方法

（4）厚料的剪切方法。

厚料的剪切操作方法，如图 5—17 所示。

1）剪切较厚板料时，可将剪刀夹在台虎钳上，在上手柄上套一根管子。

2）右手握住管子，左手拿住板料进行剪切。

3）也可由两人操作，1 人敲，1 人持剪刀和板料。

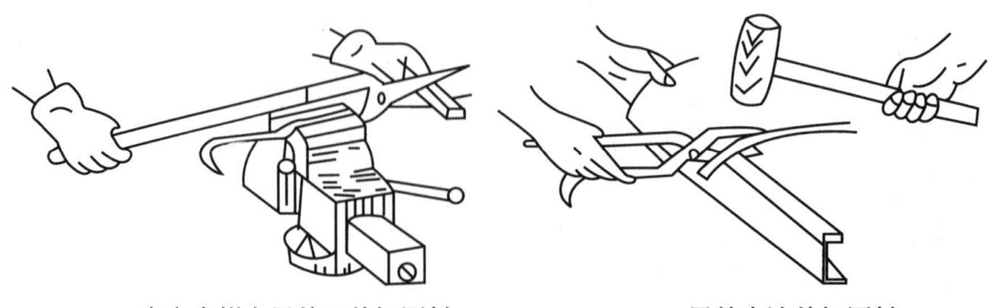

图 5—17　厚料的剪切方法

三、钣金件的手工成形

1. 板件的弯曲

(1) 角形弯折。

1) 弯直角件。

弯直角件的操作方法如下：

① 弯折前，板料根据零件形状划线下料，并在弯折处划出弯折线，一般弯折线划在折角内侧。

② 将板料夹持在台虎钳上，使弯折线恰好与钳口衬铁对齐，夹持力度要合适。

③ 当弯折工件在钳口以上部分较长或板料较薄时，应用左手压住工件上部，用木槌在靠近弯曲的部位轻轻敲打成形，如图 5—18 所示。

④ 若板料在钳口以上部分较短，可用硬木垫在弯角处，再用力敲打硬木，如图 5—19 所示。

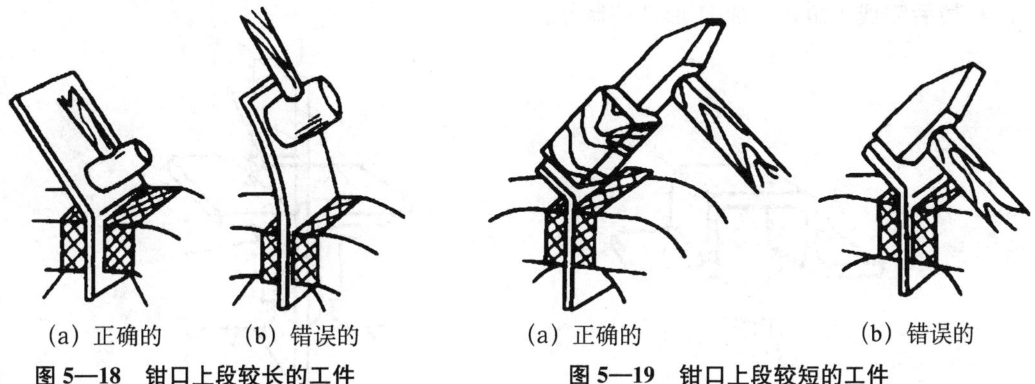

(a) 正确的　(b) 错误的

图 5—18　钳口上段较长的工件

(a) 正确的　(b) 错误的

图 5—19　钳口上段较短的工件

⑤ 如果钳口宽度较零件宽度小，可借助夹持工具完成，如图 5—20 所示。

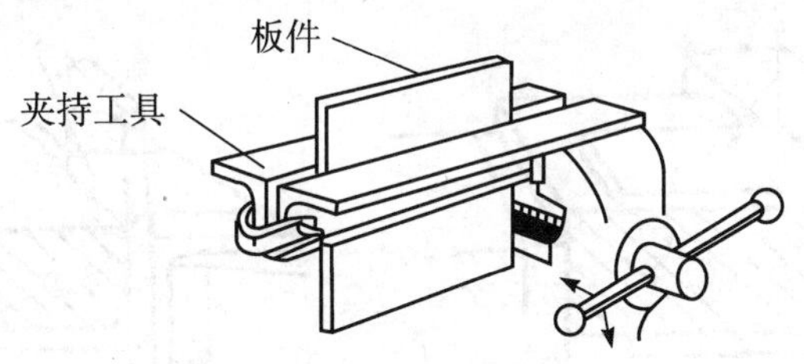

图 5—20　用角铁夹持弯直角

⚠ **注意：**

如果敲打板料上方，易使板料翘曲变形。

2) 弯 S 形件。

弯 S 形件的操作方法，如图 5—21 所示。

① 将板件依划线夹入角铁衬里，弯成 a 角。

② 将方衬垫放入 a 角里，对准划线夹入角铁衬垫弯成 b 角。

3) 弯几形件。

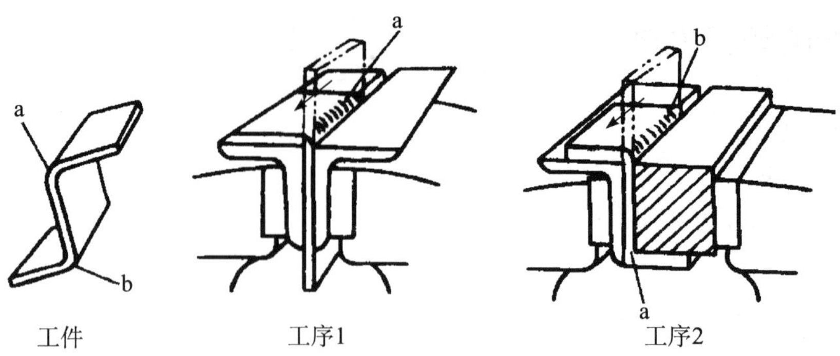

图 5—21　弯 S 形件的程序

弯几形件的操作方法，如图 5—22 所示。

① 先将板件弯成 a 角。

② 再用衬垫弯成 b 角。

③ 最后完成 c 角，完成几形件的制作。

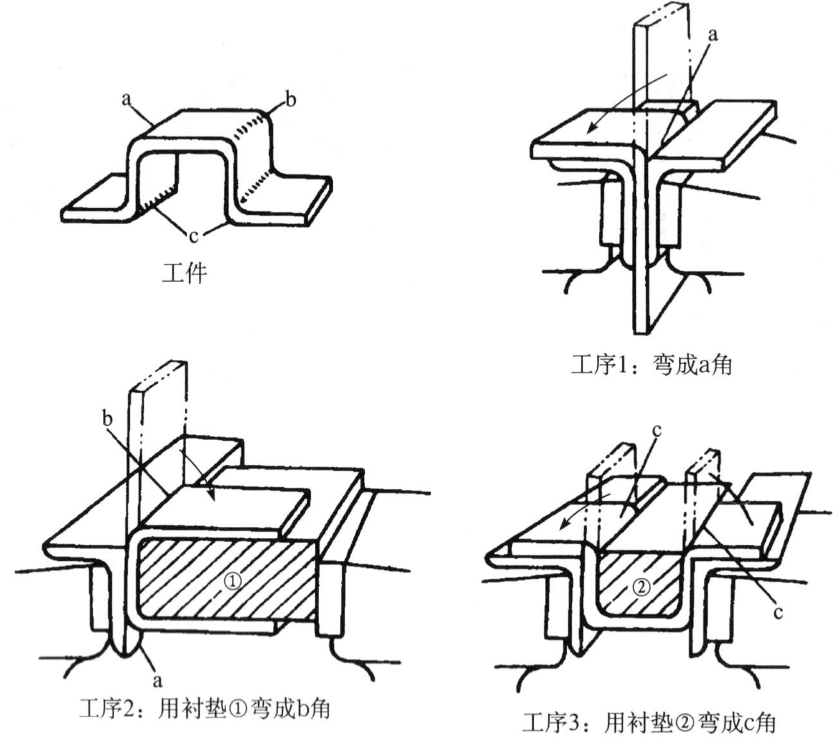

图 5—22　弯几形件的程序

（2）弧形弯曲。

1）弯曲圆弧形件。

弯曲圆弧形件的操作方法，如图 5—23 所示。

① 首先在板料上划出若干与弯曲轴线平行的等分线，作为弯曲时的基准线。

② 用槽钢作为胎具，将板料从外端向内弯折。

③ 当钢板边缘接触时，将对接缝焊接几点。

④ 将零件在圆钢管上敲打成形，再将接缝焊牢。

⚠ **注意：**

在锤击时，应尽量使用木槌，以防板料变形。

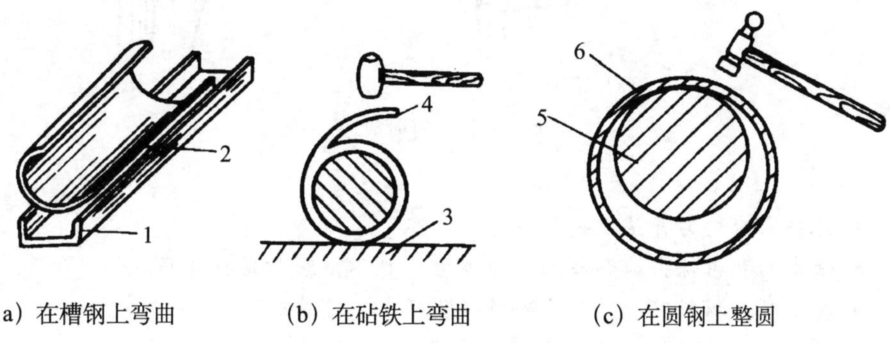

(a) 在槽钢上弯曲　(b) 在砧铁上弯曲　(c) 在圆钢上整圆

图 5—23　圆柱面的弯曲

1—槽钢；2、4、6—坯料；3—砧铁；5—圆钢

2）弯曲复杂形状的工件。

弯曲复杂形状工件的操作方法，如图 5—24 所示。

① 一手持垫铁在工件背面垫托，垫铁的边缘要对准弯折线。

② 另一手持手锤从正面弯折线处敲击，边敲击边移动垫铁，循序渐进，使工件边缘逐渐形成弯曲。

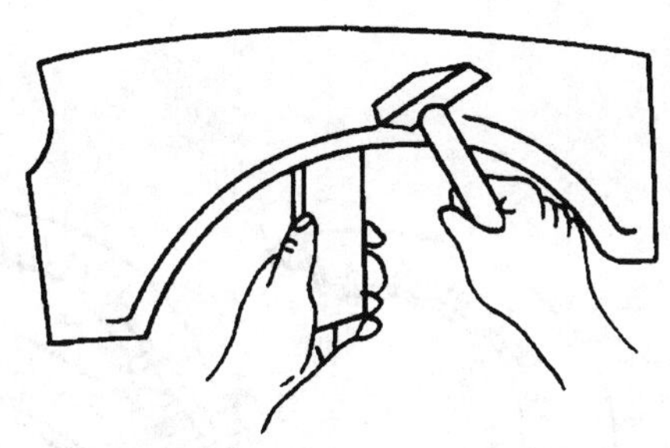

图 5—24　复杂形状工件的弯曲

2. 板件放边与收边

(1) 打薄放边。

打薄放边的操作方法，如图 5—25 所示。

1）将板材弯折成直角形状。

2）敲打一边，使其边缘变薄，面积增大，从而使角材弯曲成形。

⚠ **注意：**

在打薄放边的过程中：

◆ 角材底面必须与砧铁表面贴平，否则会产生翘曲现象。

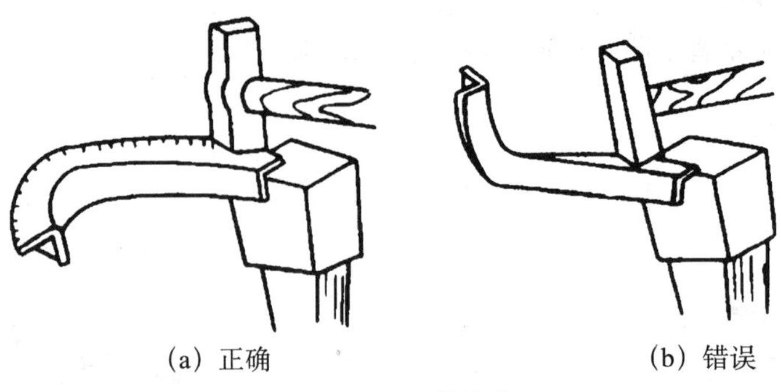

图 5—25 打薄放边

- 锤击点应均匀并呈放射状。
- 锤击面积占锤击边面积的 3/4 左右，且不得敲打角材弯角处。
- 锤击时，材料可能会产生冷作硬化现象，应及时退火。
- 另外，随时用样板或量具检查外形，防止弯曲过大。

（2）板件收边。

1）用折皱钳起皱收边。

用折皱钳起皱收边的操作方法，如图 5—26 所示。

① 先用折皱钳使角形板料的一边边缘起皱收缩，并迫使另一边弯曲成形。

② 板料在弯曲的过程中，应随时用木槌锤击皱纹，使材料皱褶消失，厚度增大。

③ 在敲平的过程中，如发现加工硬化现象，应及时进行退火处理。

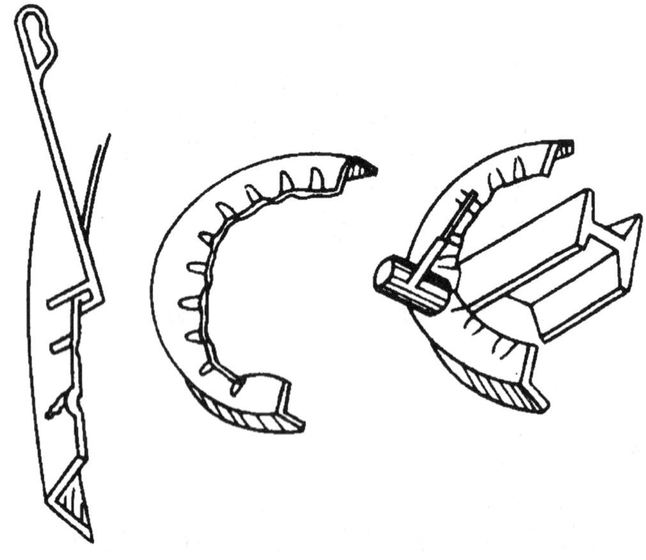

图 5—26 起皱收边

2）搂弯收边。

搂弯收边的操作方法，如图 5—27 所示。

① 将坯料夹在型胎上，用铝棒顶住毛坯。

② 用木槌敲打顶住的部分，使板料弯曲逐渐收缩靠胎。

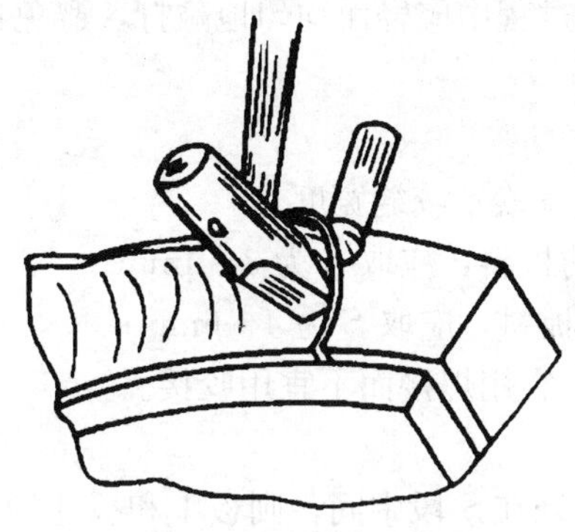

图 5—27　搂弯收边

⚠ **注意：**

制作凸曲线弯边的零件，如其强度要求不高，可根据要求的弯度在应该收缩的一面用剪刀剪出若干豁口，然后再弯曲板料，将剪口焊接。

3. 板件卷边

（1）夹丝卷边。

夹丝卷边的操作方法如下：

1）在卷边部位划出两条卷边线，如图 5—28（a）所示。

2）将板料放在平台上，使卷边部分的 L_1 伸出平台，左手压住板料，右手用木槌敲击，使伸出部分向下弯曲成 85°左右，如图 5—28（b）、（c）所示。

3）将板料慢慢向外伸，随时敲击伸出部分，但不能敲击过猛，直到伸出平台长度为 L_2，此时板料边缘应敲击成图 5—28（d）所示的形状。

4）将板料翻转，使卷边朝上，均匀敲打卷边向里扣，使卷边部分逐渐成圆弧形，如图 5—28（e）所示。

5）根据板件的使用要求确定夹丝卷边用铁丝的尺寸，一般铁丝的直径应为板料厚度的 4～6 倍。然后放入铁丝，一边放，一边扣，如图 5—28（f）所示。

6）翻转板料，使接口抵住平台缘角，敲击使接口靠紧，如图 5—28（g）所示。

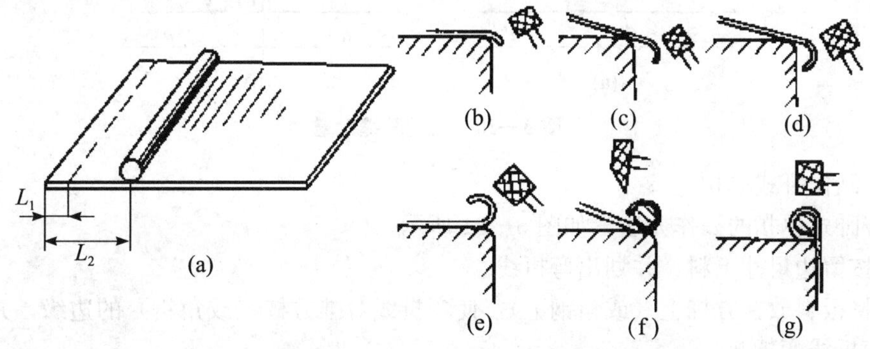

图 5—28　夹丝卷边的过程

（2）空心卷边。

1）成形过程与夹丝卷边基本一致，只是不用放入铁丝。

2）手工空心卷边在卷合过程中应轻而均匀地敲打，避免将卷边敲扁。

4. 板件咬缝

（1）计算咬缝余量。

1）咬缝宽度的确定。以 S 表示咬缝宽度。

① 板厚在 0.5mm 以下的板料，应取 S 为 3～4mm；

② 板厚为 0.5～1mm 的板料，应取 S 为 4～6mm；

③ 板厚在 1mm 以上时，宜用焊接而不宜用咬接。

2）卧式咬缝余量的计算。

① 卧式单扣咬缝，若 A 处在 S 段中间，则板Ⅰ和板Ⅱ的余量 δ 相等（$\delta=1.5S$），如图 5—29（a）所示。

② 卧式单扣咬缝，若 A 处于 S 段的右侧时，板Ⅰ的余量 $\delta=S$，而板Ⅱ的余量 $\delta=2S$，如图 5—29（b）所示。

③ 卧式双扣咬缝，若 A 处于 S 段的右侧时，板Ⅰ的余量 $\delta=2S$，而板Ⅱ的余量 $\delta=3S$，如图 5—29（c）所示。

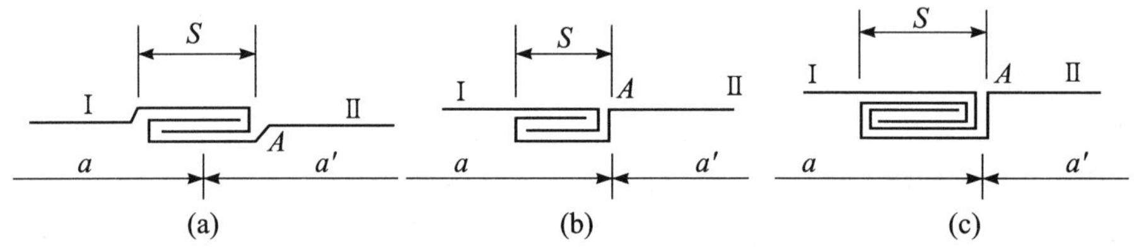

图 5—29　卧式咬缝余量

3）立式咬缝余量的计算。

① 立式半扣咬缝，板Ⅰ的余量 $\delta=2S$，板Ⅱ的余量 $\delta=S$，如图 5—30（a）所示。

② 立式双扣咬缝，板Ⅰ的余量 $\delta=3S$，板Ⅱ的余量 $\delta=2S$，如图 5—30（b）所示。

③ 板Ⅰ与板Ⅱ之间相互成 90°夹角时，板Ⅰ余量 $\delta'=\delta$ 不变，板Ⅱ的余量减少 S，变为 $\delta'=\delta-S$。

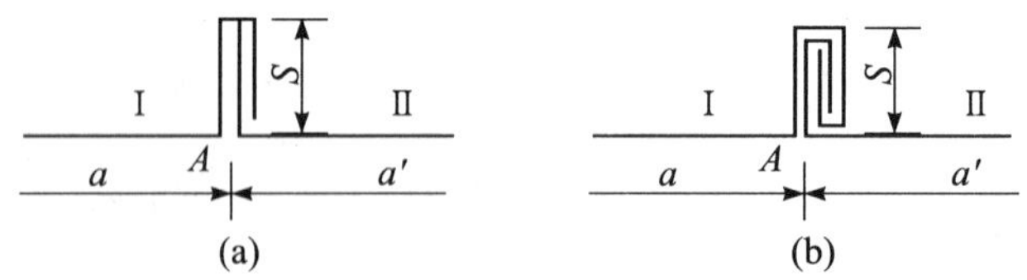

图 5—30　立式咬缝余量

（2）制作卧式单扣。

制作卧式单扣的操作方法，如图 5—31 所示。

1）按留边尺寸下料，并划出弯折线。

2）将板料放在方杠上（或角钢上），使弯折线对准方杠（或角钢）的边缘，并将伸出部分按弯折线弯折 90°。

3）翻转板料，使弯边朝上，并伸出台面 3mm，敲击弯边顶端，使伸出部分形成与弯边相反的弯折，将第一次弯边向里敲成钩形。

4）与之相接的另一边照上述方法加工后，将两弯钩扣合、敲击即成卷边。

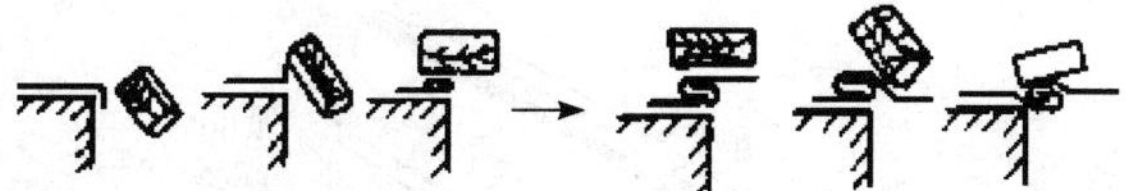

图 5—31　卧式单扣的制作过程

（3）制作卧式双扣。

制作卧式双扣的操作方法：

1）在板料上按上述方法做出卧式单扣。

2）向里弯，翻转板料使弯边朝上，再向里扣。

3）在第二块板料上用同样方法弯折双扣。

4）把弯成的扣彼此扣合并压紧即完成。

（4）制作立式半扣。

制作立式半扣的操作方法，如图 5—32 所示。

1）在一块板料上做成立式单扣。

2）把另一块板料的边缘弯成直角。

3）相互压紧即成。

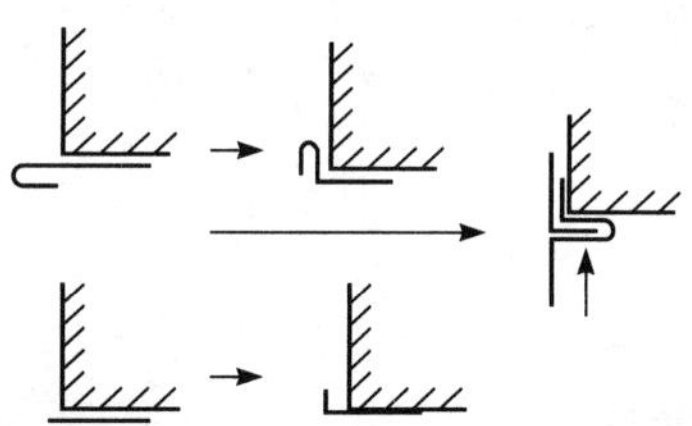

图 5—32　立式半扣的制作过程

（5）制作立式双扣。

制作立式双扣的操作方法，如图 5—33 所示。

1）在一块板料上做双扣。

2）在另一块板料上做单扣。

3）相互扣合压紧即可。

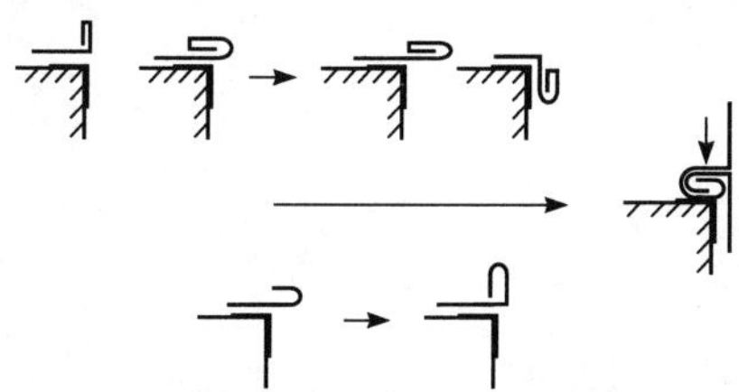

图 5—33　立式双扣的制作过程

检验实训能力阶段

实训教师给学生提供一块轿车前翼子板，在边缘处选取长 10cm、宽 5cm 的区域，该区域内要包含一处棱线、一处曲线、一处曲面，如图 5—34 所示。要求学生能利用现有工具和材料，采用规范的操作工艺制作出一块与选定区域形状一致的板件。

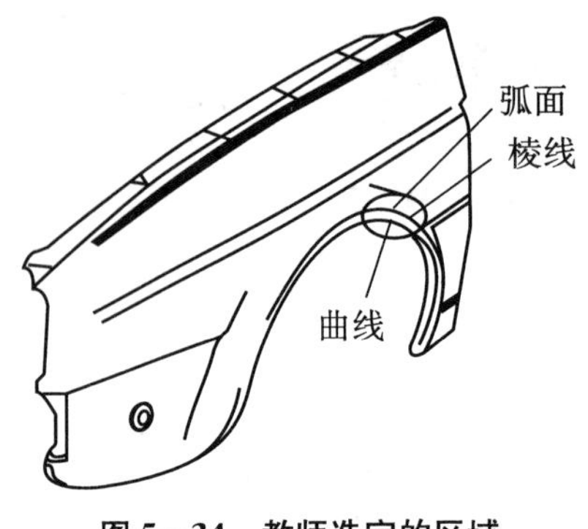

图 5—34　教师选定的区域

学生实训记录单

<table>
<tr><td>班　级</td><td></td><td>姓　名</td><td></td></tr>
<tr><td>学　号</td><td></td><td>日　期</td><td></td></tr>
<tr><td>实训内容</td><td colspan="3">钣金件手工成形</td></tr>
<tr><td colspan="4">1. 弯“S”形和“⎍”形件。
操作要点：____。
____。
2. 打薄放边。
操作要点：____。
____。
3. 卷边。
尺寸计算：____。
操作要点：____。
4. 咬缝。
尺寸计算：____。
操作要点：____。
5. 本次实训存在的疑问有哪些？最大的难点是什么？有何改进建议？</td></tr>
<tr><td colspan="2" rowspan="2">教师评语：

年　月　日</td><td colspan="2">本次实训成绩</td></tr>
<tr><td colspan="2"></td></tr>
</table>

实训考核记录单

课程：汽车钣金实训教程

时间：50min　　班级：__________学号：__________姓名：__________

考核项目：钣金件手工成形					
序号	考核内容	配分	考核记录	扣分	得分
1	安全与卫生习惯	10			
2	准备工作	10			
3	操作流程	60	1. 学生记录： 2. 教师记录：		
4	学生实训记录单	20			
5	完成时限				
	得分合计				

考核教师：________________　________年________月________日

实训六

车身板件变形的手工敲打校正

实训计划

实训能力目标	实训内容及时间安排（分钟）		建议学时
1. 掌握钣金手工工具的使用方法。 2. 掌握金属板件不同变形的手工校正工艺。 3. 掌握车身板件变形的手工敲打校正工艺。 4. 提高学生动手操作的能力。	校正平面板件的各种变形	20	3学时 （150分钟） 可根据学生的掌握情况，适当调整学时
	校正曲面板件的各种变形	30	
	校正车身板件的变形	50	
	学生完成记录单	10	
	考核	30	
	教师总结及信息反馈	10	

实训过程

实训准备阶段

教师的准备工作

教师在实训前的准备：

（1）设备：钣金工作台。

（2）材料：轿车前翼子板、车门、1mm厚钢板（20cm×20cm）。

（3）工具：钣金锤、拍板、垫铁、钢板尺、钢卷尺、车身锉、其他常用工具。

学生的准备工作

学生在实训前的准备：

（1）了解本次实训课所要求的技能。

（2）穿戴好个人安全防护用品：工作服、工作帽、工作鞋、防护手套、防护眼镜。

（3）准备好学生实训记录单。

思考如下问题：

（1）在板件整形时，如何选择和使用钣金锤？

（2）如何手工校正板件的翘曲变形？

（3）如何手工校正车身板件的小范围凸鼓和凹陷变形？

（4）如何手工校正车身板件的大范围凸鼓和凹陷变形？

（5）如何手工校正车身板件的波浪状变形？

实训阶段

一、劳动安全

实训要求学生穿戴：工作服、工作鞋、手套、防护眼镜、耳塞。

二、手工敲打整形

1. 普通平板变形的手工校正

（1）钣金锤的使用。

1）钣金锤的选择。

根据实际工作的需要，采用不同的制作材质（铜、钢、橡胶、木头等）做成了不同形状（尖头、球头、鹤嘴等）的钣金锤，如图 6—1 所示。

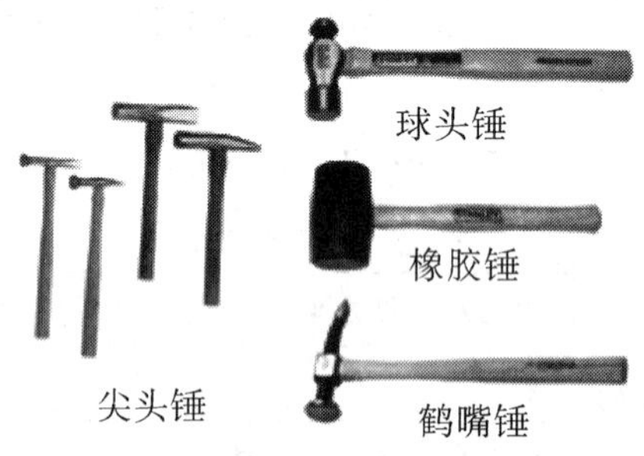

图 6—1　钣金锤

①对于薄板件和有色金属工件：选用铜锤、木槌或硬质橡胶锤进行锤击。

②对于维修铝合金件，要选用橡胶锤、木槌或规定材质的锤子。

③钣金件小凹陷：可用头部较小的锤子逐个轻微敲击。

④钣金件损伤严重：先用体积较大的锤整形，再用小锤修整。

⑤如果需要锤击的力量较大，可以使用头部有夹心的锤子。

2）钣金锤的正确使用方法。

①用手轻松握住钣金锤手柄的端部（相当于手柄全长的 1/4）。

②锤柄下面的食指和中指应适当放松，小指和无名指则应相对紧一些，使之形成一个支点，拇指用于控制锤柄向下运动的力度。

③通过依靠手腕的动作来挥动锤子，并利用钣金锤敲击零件时产生的回弹力沿一个圆形的运动轨迹来敲击，这样能更好地控制锤子，如图 6—2 所示。

> **注意：**
>
> 使用钣金锤时，禁止像钉钉子那样让锤子沿直线轨迹运动，也不可用手臂或肩部的力量。

④合理选择钣金锤的尺寸。每分钟以 100～120 次的频率实行轻微敲击；遵循“先大后小、先强后弱”的原则，如图 6—3 所示。

（2）垫铁的使用。

1）使用时，应将垫铁放在受损板件的背面，对其施加压力而使其抵在金属的内表面上。

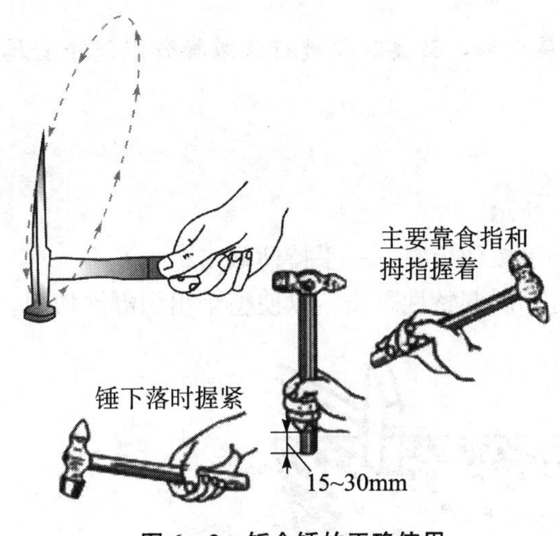

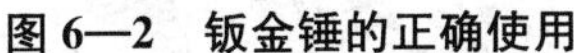
图 6—2　钣金锤的正确使用

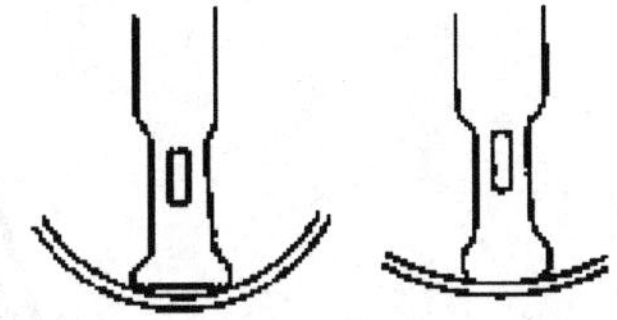
图 6—3　钣金锤的操作要点

2）依垫铁与钣金锤的相对作用位置，可以分为钣金锤与垫铁错位敲击（偏托法）和钣金锤与垫铁正对敲击（正托法）两种操作方法。

①偏托法的操作要领：将垫铁置于金属板背面的最低处，钣金锤则在另一面敲击变形的最高处，敲击时垫铁也作为敲击工具，如图 6—4 所示。

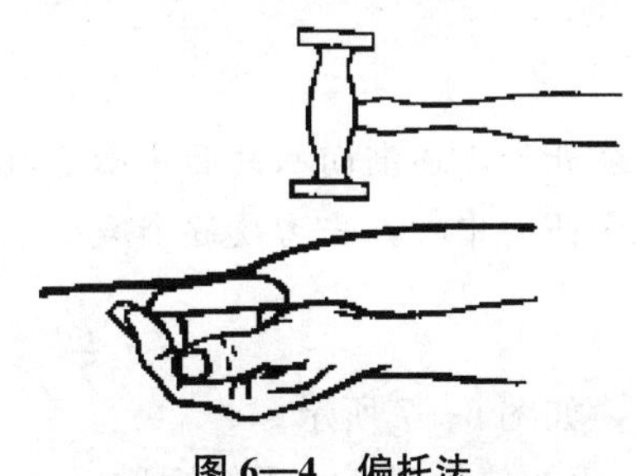
图 6—4　偏托法

偏托法操作可以避免修复过程中的受力不均现象。很小的压痕、很浅的起伏、轻微的皱褶都可以用这种方式修复，不会损坏漆层。

②正托法的操作要领：将垫铁直接置于金属板凸起部位的背面，用钣金锤在另一面直接敲击变形部位。选择端面合适的垫铁紧贴于小凹凸的背面，用平锤轻轻敲击金属表面的凸起或小凹陷的周围，使板类构件表面变得更加光滑、平整，如图 6—5 所示。

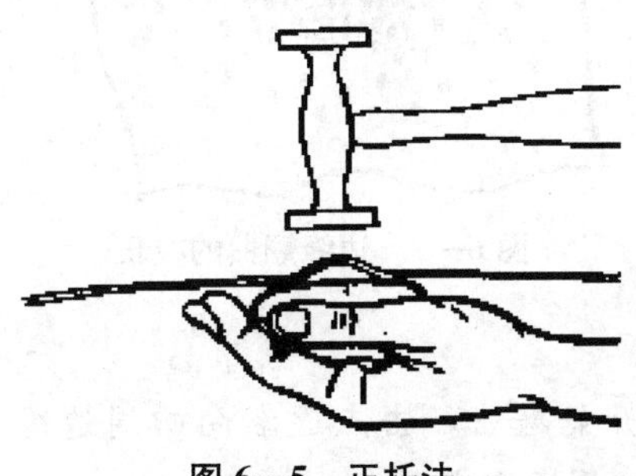
图 6—5　正托法

⚠ **注意：**

正托法敲平容易使金属造成延展变形，必要时要进行收缩操作以消除金属的延展变形。

（3）凸鼓面的校正。

凸鼓面校正的操作方法，如图 6—6 所示。

1）将板料凸面向上放在平台上，一手按住板料，一手持锤敲击；

2）板料基本校正后，再用木槌进行一次调整性敲击，以使整个组织舒展均匀。

图 6—6　凸鼓面的校正

⚠ **注意：**

敲击应由板料四周边缘开始，逐渐向凸鼓面中心靠拢。敲击时，边缘处击力要重，击点密度要大；趋向凸面中心，击力要逐渐减小，击点密度应逐渐变稀。

（4）边缘翘曲的校正。

边缘翘曲校正的操作方法，如图 6—7 所示。

1）将板料置于平台上，一手按住板料，一手持锤敲击；

2）板料基本校正后，再用木槌进行一次调整性敲击，以使整个组织舒展均匀。

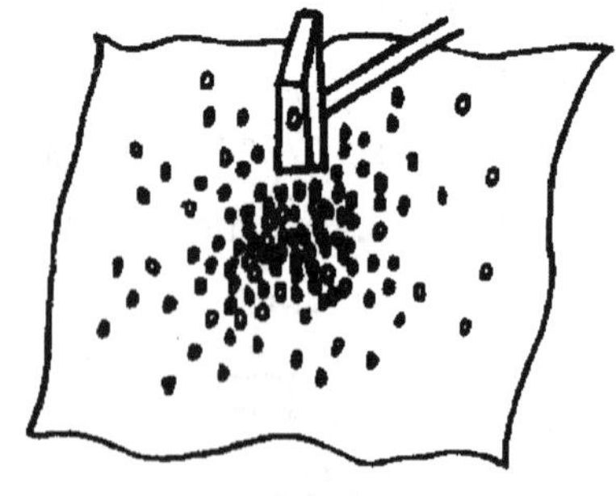

图 6—7　边缘翘曲的校正

⚠ **注意：**

敲击应由板料中间开始敲击，击点逐渐向四周边缘扩散，由密变疏。敲击时，中间击力要重，向四周逐渐变弱。

（5）对角翘曲的校正。

对角翘曲校正的操作方法：先沿着没有翘曲的对角线开始敲击，依次向两侧伸展，使其延展而校正，如图 6—8 所示。

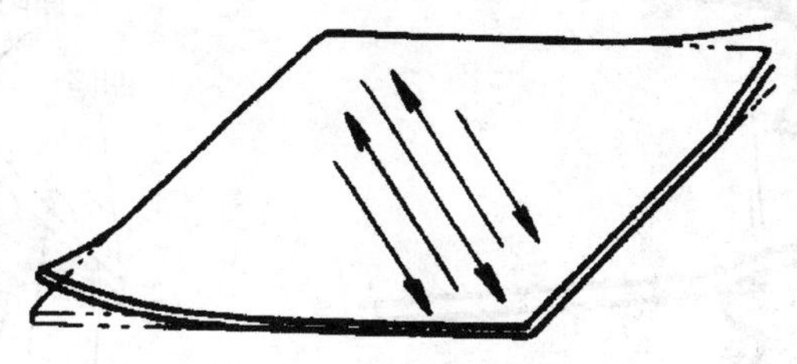

图 6—8　对角翘曲的校正

（6）板料的拍打校正。

板料拍打校正的操作方法，如图 6—9 所示。

1）拍板通常用厚 3～5mm，宽度不小于 40mm，长度不小于 400mm 的钢板制成。

2）校正时用拍板在板料上拍打，使板料凸起部分受压变短，同时张紧部分受压伸长，从而达到校正的目的。

3）用木槌进行调整性敲击校正。

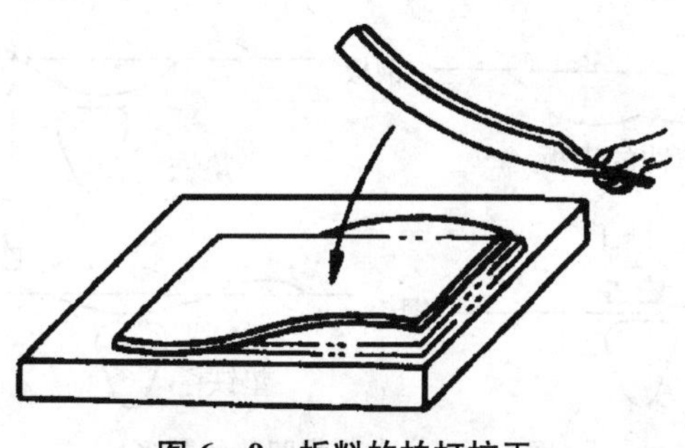

图 6—9　板料的拍打校正

2. 车身板件变形的手工整形

（1）小范围局部凸起的整形。

小范围局部凸起的整形操作方法，如图 6—10 所示。

1）垫铁贴紧凸起的反面，使锤子与垫铁中心对正，敲击凸起部位。

2）敲击时力量要轻巧、均匀，频率控制在每秒 2 次。握锤的手不宜过紧，以手腕的力量敲击。

3）选择的垫铁形状要与曲面的曲率相一致。

（2）局部凹陷的整形。

局部凹陷整形的操作方法，如图 6—11 所示。

1）垫铁应放在稍偏于锤击之处的地方。

2）锤击点为凸凹不平表面的较高部位。这样可使钢板在垫铁与锤击点中间处受到作用力。

3）敲击时由外围逐渐向中心区域过渡。

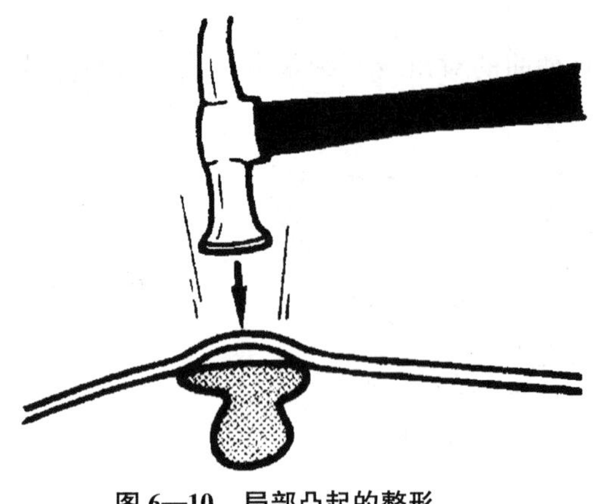

图 6—10　局部凸起的整形

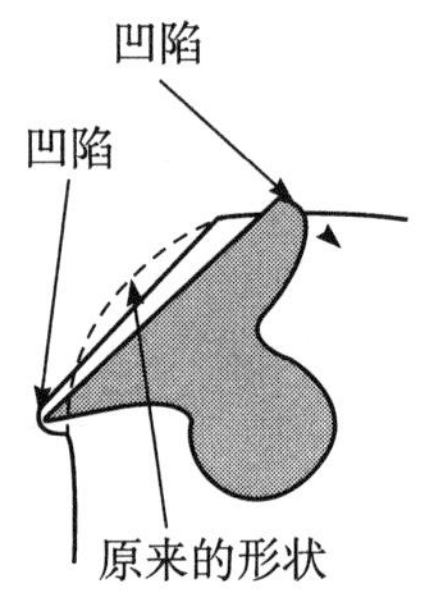

图 6—11　局部凹陷的整形

（3）大范围凹陷的整形。

大范围凹陷整形的操作方法，如图 6—12 所示。

1）用火焰将凹面中间部位加热至粉红色的炽热状态；

2）在中间部位下侧以垫铁顶起，从而使原来凹陷得到初步复位；

3）用锤子和垫铁相互配合将四周变高的部分逐渐敲平，恢复原来的几何形状。

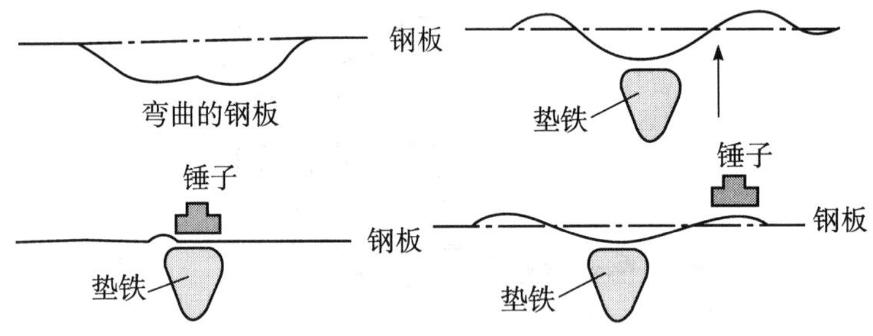

图 6—12　大范围凹陷的整形

（4）大曲率表面的整形。

大曲率表面整形的操作方法，如图 6—13 所示。

1）用火焰加热；

2）用垫铁顶起；

3）锤击敲平，达到原来的外形。

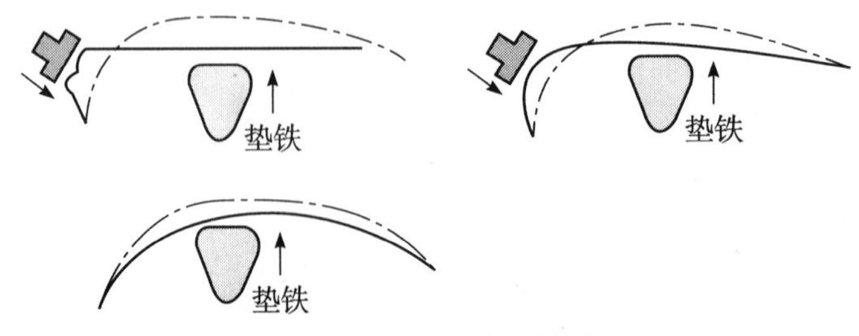

图 6—13　大曲率表面的整形

（5）小凹痕的整形。

小凹痕整形的操作方法：用鹤嘴锤的尖头把凹陷从里往外锤平，如图 6—14 所示。

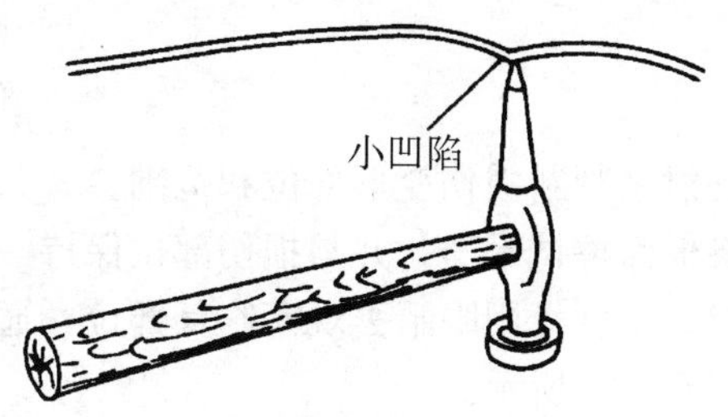

图 6—14　敲平小凹陷

(6) 双层结构板件变形的修复。

使用钣金锤、撬板，用敲打法将凹陷修复，操作步骤如下：

1) 根据车身板件的形状不同选择相应形状和尺寸的撬板。

2) 把撬板从车门内侧伸进狭窄的空间，将凹陷撬平，如图 6—15 所示。

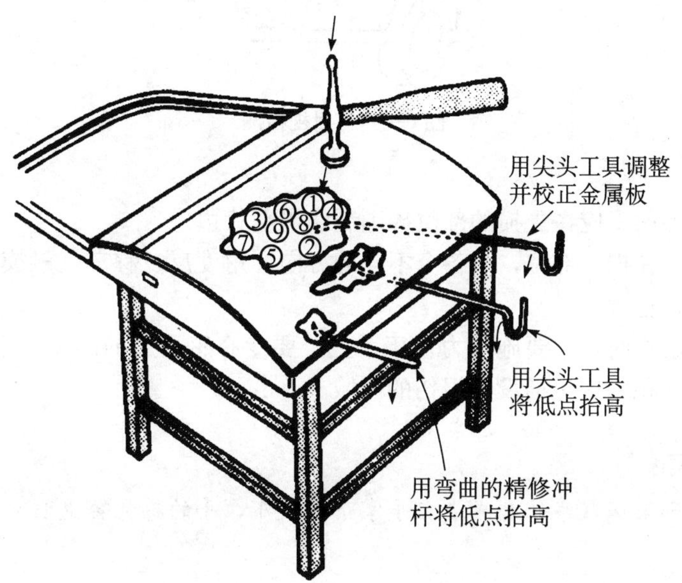

图 6—15　用撬板撬平凹陷

3) 用撬板作垫铁，将撬板垫在损伤内侧，用手锤敲击，修复凹陷，如图 6—16 (a) 所示。或使用撬板直接顶起，如图 6—16 (b) 所示。

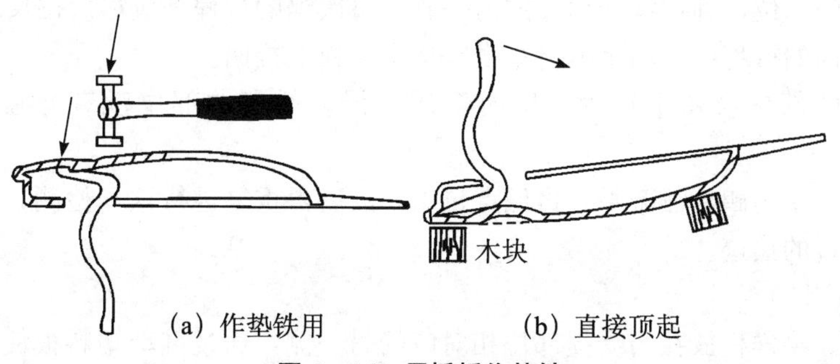

(a) 作垫铁用　　(b) 直接顶起

图 6—16　用撬板作垫铁

三、维修效果检测

1. 目视检测

利用钢板漆面光线的反射来判断损伤变形部位和范围。

（1）保证光线良好，将板面擦拭干净，并与损伤部位保持一定的距离。

（2）从各个不同的方向、角度，用眼睛去观察修复部位，通过车身线条、板件的平整度等，判定是否变形，如图 6—17 所示。

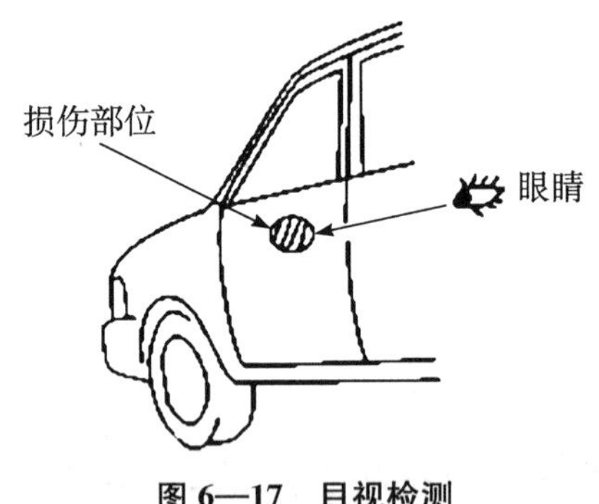

图 6—17 目视检测

2. 手感检测

（1）手感检测前，应在受损的部位周围制作出羽状边。

（2）将手掌放在损伤部位，从各个不同的方向、角度反复移动、触摸，从而判断、检测钢板的弧形和平整度。

（3）用手掌触摸时，不要施加力量于手上，要专心感受手的感觉，手在反复移动时，必须覆盖较大的面积，应包括没有损伤的区域。

⚠ 注意：

触摸时如果佩戴线手套或者在手掌下垫块布，手的感觉会更明显。

3. 车身锉检测

车身锉检测利用车身锉在钢板上锉过的痕迹，找出损伤部位修复后所存在的高点与低点等缺陷。

（1）一只手握住手柄向前推，另一只手握住锉的头部，从没受损坏的部位开始，然后经过已经修复的部位，到达没受损坏的另一侧。每次锉的行程都应尽量拉长。

（2）在返回的行程中，用手柄将车身锉从金属板上拉回。

（3）高点的部位会留下锉痕，留有金属光泽，低点的部位没有锉痕，如图 6—18 所示。

（4）将高点使用鹤嘴锤敲平，将低点拉出，然后再重复进行这一检测，直到所有的部位都能留下锉过的痕迹。

4. 样板检测

（1）取样。将样板放在与受损部位相对应的另一侧，通过推动塑料板使之与钢板完全吻合，保持形状不变，如图 6—19 所示。

（2）将样板放在受损的部位，通过观察成形后的样板与钢板是否吻合，从而对比判断

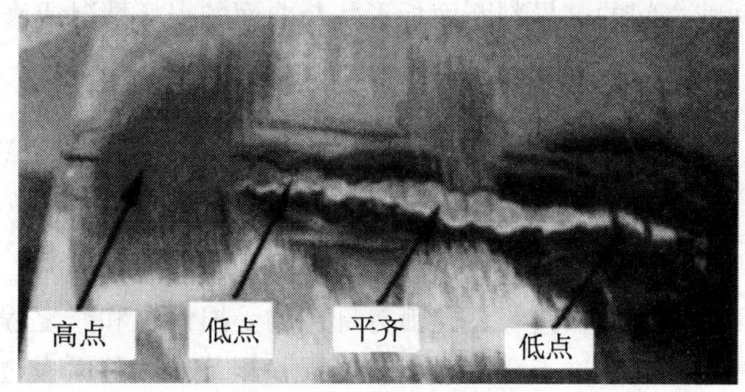

图 6—18 车身锉检测

图 6—19 面板取样

损伤部位的形状与曲面是否修复到位，如图 6—20 所示。

图 6—20 使用专用面板检测

(3) 车身两侧同时受损时，可以从没有受损的型号相同的车辆上进行取样。

(4) 自制样板进行对比检测。使用薄纸板，放在与受损部位相对应的另一侧，通过划线、裁剪，使之与面板的形状与曲面相吻合，然后通过观察裁剪好的样板与受损部位是否相吻合，从而判断面板是否修复到位。

5. 测量方法检测

(1) 钢板尺检测。先将钢板尺放置于没受损的面板上，测量钢板尺与面板之间的间隙，再将钢板尺放置于受损的部位，测量钢板尺与受损部位之间的间隙，如图 6—21 所示，通过比较两个间隙之间的差异判断面板形状与曲面的损坏情况或修复程度。

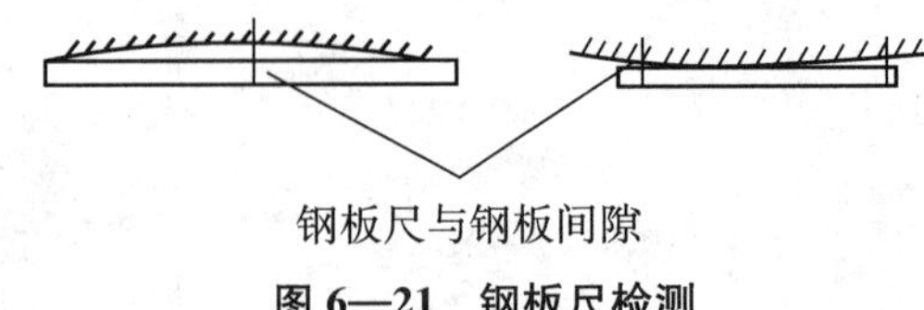

图 6—21　钢板尺检测

（2）钢卷尺检测。检测面板边缘、轮弧等部位的受损情况和修复程度。在面板内部找出没有变形且两侧相对称的基准点，测量出未受损一侧基准点到面板边缘、轮弧等部位的数据，再测量出受损一侧基准点到面板边缘、轮弧等部位的数据，对比两组数据以检测面板的损坏情况或修复程度。

（3）龙门尺检测。首先确定车辆基准点、零平面和中心线，将龙门尺推动到适当位置，使用没受损一侧的探头测量出面板上部任意几点的三维数据，如图 6—22 所示，将受损一侧的探头按照这些数据进行设置，观察探头与受损部位的吻合情况，判断面板的损坏情况或修复程度。

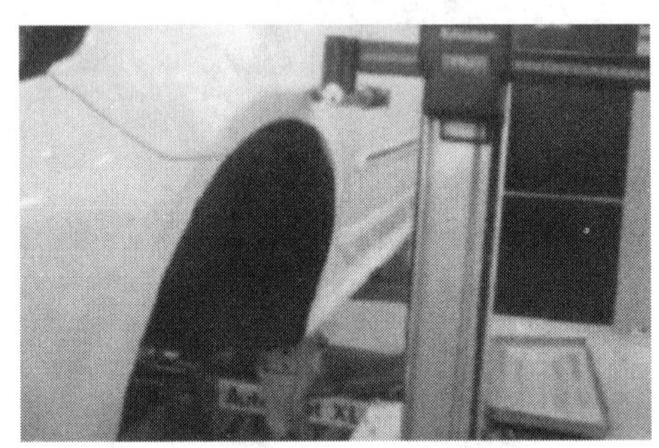

图 6—22　利用龙门尺对称测量

6. 零部件对比法检测

面板修复过程中，应将相关零部件安装上去，检查相关部位的配合情况，以便判断、检测修复的程度。

检验实训能力阶段

实训教师选取一块变形的轿车前翼子板，由学生修复棱线、弧线与曲面的变形，要求采用规范的操作工艺将其校正到要求的程度。

学生实训记录单

班　级		姓　名	
学　号		日　期	
实训内容	车身板件变形的手工敲打校正		

1. 平面板件变形校正的操作要点：________________________________

________________________________。

校正过程中遇到的问题有：________________________________

________________________________。

2. 曲面板件变形校正的操作要点：________________________________

________________________________。

校正过程中遇到的问题有：________________________________

________________________________。

3. 车身板件变形的校正。

(1) 弧线校正。

操作要点：________________________________

________________________________。

校正过程中遇到的问题有：________________________________

________________________________。

(2) 棱线校正。

操作要点：________________________________

________________________________。

校正过程中遇到的问题有：________________________________。

(3) 复杂外形校正。

操作要点：________________________________

________________________________。

校正过程中遇到的问题有：________________________________

________________________________。

4. 本次实训存在的疑问有哪些？最大的难点是什么？有何改进建议？

教师评语： 年　月　日	本次实训成绩

实训考核记录单

课程：汽车钣金实训教程

时间：30min 班级：__________学号：__________姓名：__________

考核项目：车身板件变形的手工敲打校正					
序号	考核内容	配分	考核记录	扣分	得分
1	安全与卫生习惯	10			
2	准备工作	10			
3	操作流程	60	1. 学生记录： 2. 教师记录：		
4	学生实训记录单	20			
5	完成时限				
	得分合计				

考核教师：__________________ ________年________月________日

实训七

车身板件变形的拉拔修复

实训计划

实训能力目标	实训内容及时间安排（分钟）		建议学时
1. 掌握车身外形修复机的使用方法。 2. 掌握车身板件的各种拉拔修复方法。 3. 掌握车身覆盖件的位置、间隙的调整方法。 4. 培养学生独立解决问题的能力。	使用车身外形修复机维修车身覆盖件的变形损伤	50	4学时（200分钟）可根据学生的掌握情况，适当调整课时
	使用快速拉拔法维修车身覆盖件的变形损伤	50	
	使用钻孔拉拔法维修车身覆盖件的变形损伤	50	
	学生完成记录单	10	
	考核	30	
	教师总结及信息反馈	10	

实训过程

一、实训准备阶段

教师的准备工作

教师在实训前的准备：

（1）设备：车身外形修复机、二氧化碳保护焊焊接设备、拉拔器、气动打磨机、手电钻。

（2）材料：报废的轿车前翼子板、车门、发动机罩、焊接垫圈。

（3）工具：钣金锤、垫铁、大力钳、焊接钳、车身锉、钢板尺、钻头、砂纸。

学生的准备工作

学生在实训前的准备：

（1）了解本次实训课所要掌握的操作技能。

（2）个人防护用品：安全鞋、工作服、工作帽、防护眼镜、线手套、焊接手套、焊接面罩、耳塞、护脚、护膝。

（3）准备好学生实训记录单。

思考如下问题：

（1）哪种形式的车身板件损伤后，需要使用拉拔方式修复？

（2）拉拔修复有哪几种？

（3）采用何种拉拔方式能够减小板件的损伤？

（4）采用拉拔修复的优点是什么？有什么不足？

（5）在采用拉拔修复时，需要注意的问题有哪些？

（6）车身覆盖件位置的调整项目有哪些？

实训阶段

一、劳动安全

实训要求学生穿工作服、工作鞋，戴工作帽、手套、耳塞、防护眼镜。如果进行焊接要戴焊接面具和防护口罩。

二、车门损伤的修复

当车身板件为双层甚至多层结构时，或者在损伤部位的背面没有操作空间的情况下，应该采用拉拔的方法进行修复。比如汽车车门外板被撞，出现局部凹陷，如图 7—1 所示，则应对其进行下述的修复。

图 7—1　车门凹陷

1. 利用车身外形修复机进行拉拔修复

（1）用打磨机将需要拉拔处的车身涂层清除掉，露出钢铁。并且在受损板件的边缘位置也处理出一小块，用大力钳在此位置将外形修复机的搭铁线接好。

注意：

在打磨涂层的时候，一定不要过分打磨金属，只要露出金属，能导电即可。

（2）接好车身外形修复机，选择焊垫圈功能挡。

（3）通过在其他板件上试焊，调整好焊接电流的大小。

（4）在板件表面按变形受力的位置，焊接一定数量的垫圈，如图 7—2 所示。

（5）用撞锤（拉杆）钩住垫圈进行拉伸，将凹陷拉出，恢复大致形状，如图 7—3 所示。

（6）如果板件变形严重，需要的拉伸力很大，为防止将板件拉穿，需要采用多点同时拉伸的办法。在损伤部位焊一排垫圈，用钢筋棍从中间穿过，拉拔钢筋棍，使车身变形得到恢复，如图 7—4 所示。

（7）保持拉力拉住拉拔器，用钣金锤敲打凸起部位，释放板件应力，将损伤修复平整，如图 7—5 所示。

（8）除掉垫圈，用车身修平锉检验表面是否修平，如图 7—6 所示。检验的方法如下：

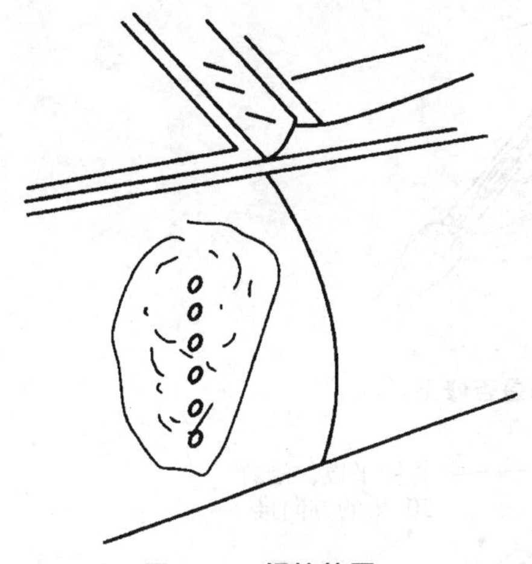

图 7—2　焊接垫圈

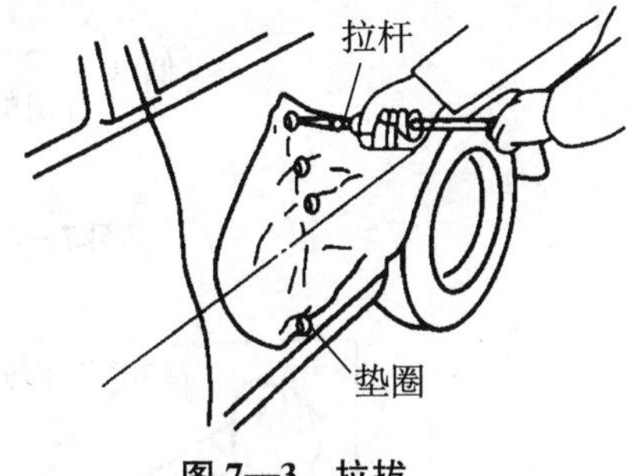

图 7—3　拉拔

图 7—4　多点同时拉伸

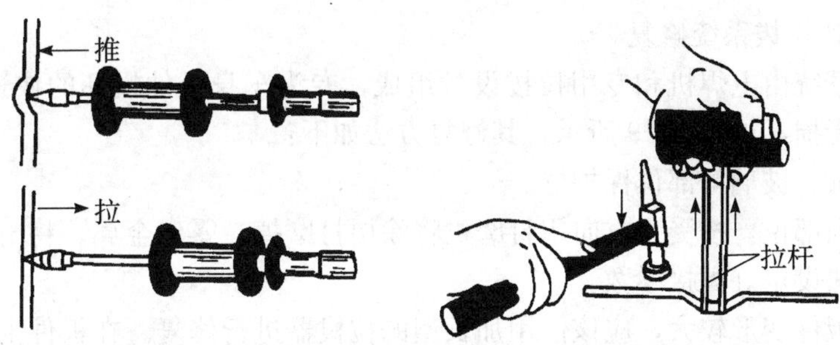

图 7—5　修整

1）当锉一个很平坦的部位时，将锉与推进方向呈 30°角水平地推，也可将锉平放，沿着 30°斜角的方向推进，如图 7—7 所示。

2）在隆起的金属板上，将锉平放，并沿着变平的凸起处平推，或者将锉沿着凸起处最平坦的方向平放，以 30°或更小的角度向一边推，如图 7—8 所示。

（9）有时也用角磨机将凸起部位修平，一定不要磨削过度，以免使板件受损加重。

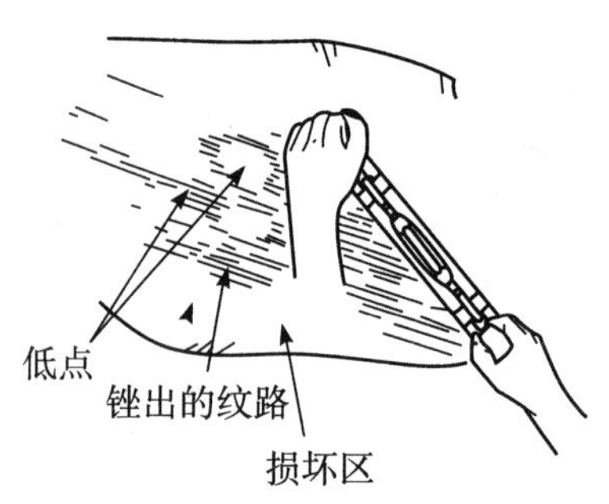

图 7—6　检验表面是否修平

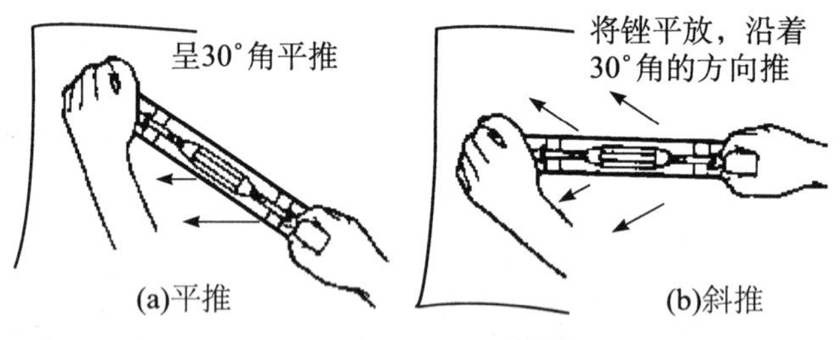

图 7—7　锉平坦部位的方法

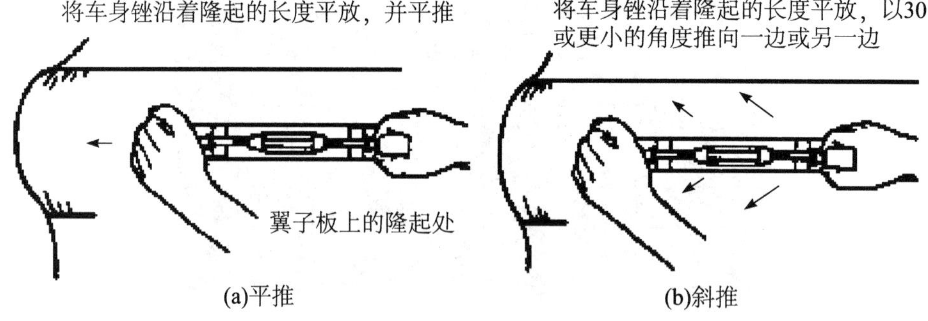

图 7—8　锉隆起的部位

2. 使用快速拉拔系统修复

快速拉拔系统由电焊机和专用拉拔设备组成，专为车身板件损坏的快速修复而设计。一辆汽车前门受损，如图 7—9 所示，其修复方法如下：

（1）将内饰、玻璃等部位保护好。

（2）在受损部位，按受力方向用打磨机将涂层打磨掉，露出金属。将电焊机搭铁线接好，通过试焊法设定好焊接参数。

（3）由于板件变形较大，应该使用加长型的拉拔器进行修复。在板件上焊一定数量的垫圈，使用拉拔器进行拉拔，如图 7—10 所示。

（4）当变形基本被拉出后，保持住拉力，用钣金锤敲击小的突起部位，并将板件内部的应力消除掉。

（5）如果还有凹陷没有被拉出，再使用点拉拔的方式将小的凹陷修复，如图 7—11 所示。

（6）变形修复后，去除垫圈，用打磨机将焊点磨平。检查修复效果，如图 7—12所示。

图 7—9　变形的车门

图 7—10　拉拔

图 7—11　局部修复

3. 钻孔拉拔修复

(1) 在碰撞后出现的凹陷处或皱褶处用手电钻钻出一排小孔，如图 7—13 所示。孔径为 3.0～3.2mm，距离在 10～15mm 之间。一般情况下孔距要根据车身外板变形处的情况而定。

(2) 将牵引钩伸入小孔中，逐个将其往外拉，直到完全恢复原状为止，如图 7—14 所

图 7—12　修复后的车门

示。拉拔时每只手可握两个拉杆，双手用力要保持均匀一致，不可用力过大。

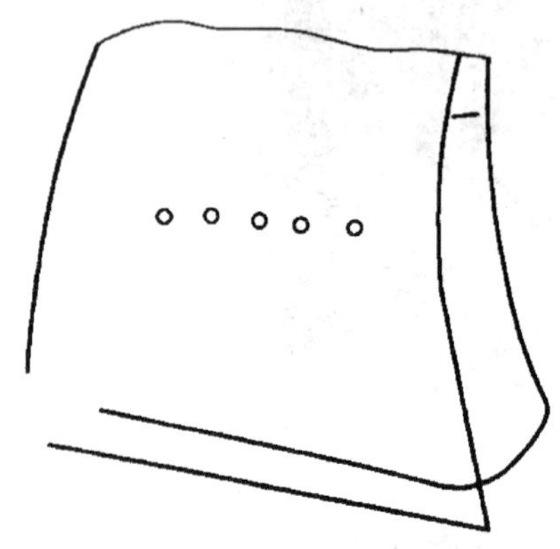

图 7—13　在门板上钻出一排小孔

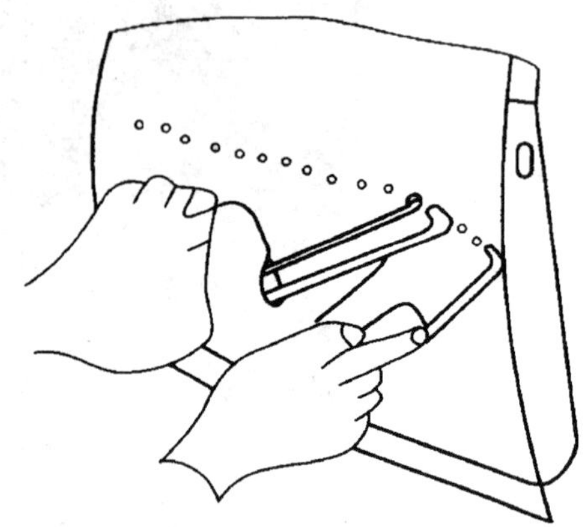

图 7—14　牵引拉出复位

（3）拉平后，用 CO_2 气体保护焊将孔焊死，如图 7—15 所示。使焊枪垂直于板面，将焊丝插入孔内。短暂地按下扳机开关激发电弧，然后松开扳机。焊丝在孔内形成熔池，而后冷却凝固。

孔径较大时，可使焊枪沿塞孔周边缓慢向中心运枪。焊点以略高出板面为宜，过高将给打磨带来困难。

（4）用车身锉或电动砂轮机修平焊点。

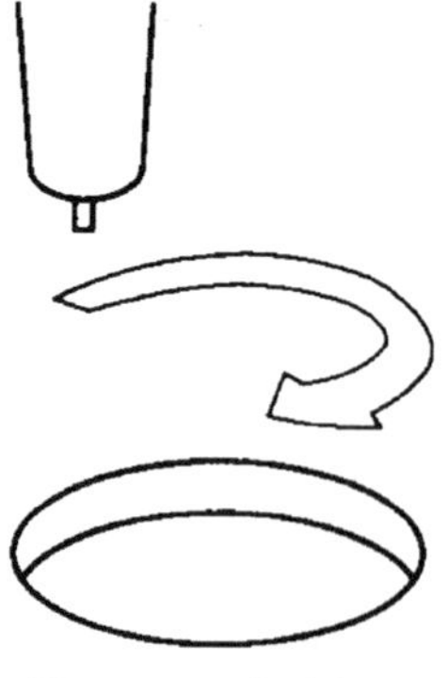

图 7—15　将孔焊平

⚠ **注意：**

在维修车身板件损伤时，为保证板件免受更多损伤，能采用敲打修复就不用拉拔修复，能用拉拔修复就不用加热修复。尽量不要在车身板件上钻孔修复。

三、发动机罩的修复与调整

发动机罩损伤的原因有两类：一类是受到重物从上方落下的撞击；另一类是汽车事故，发生正面碰撞，波及发动机罩。

1. 重物从上方落下使发动机罩产生损伤的修复方法

（1）当外板出现凹陷时，在内板的相关处，挖出一个或几个孔洞；

（2）用撬棍或木棒将其从里面顶出，使其趋于平整；

（3）再用锤子在表面外板上轻轻敲击，直至整平；

（4）修平外板后，将内板挖出的孔洞补全；

（5）敲平锉修。

2. 正面撞击使发动机罩损伤的修复方法

（1）拆卸。首先将风挡玻璃冲洗器喷嘴及软管拆离发动机盖。用旋具松开两个铰链上的紧固螺钉，卸下发动机罩总成，如图 7—16 所示。再将其放在工作台上，逐一拆掉附件。

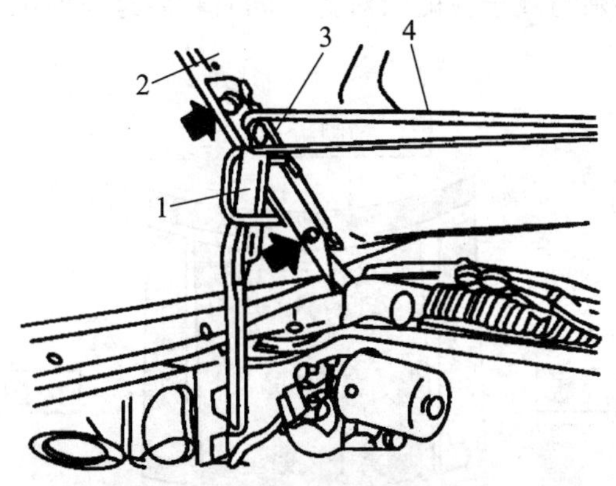

图 7—16　拆除发动机罩螺钉

1—铰链；2—发动机罩；3—铰链垫片；4—扭力杆

（2）将内外板分离。首先用专用撬具将外板的包边撬开，使其与内板边缘逐渐分离一定的角度。然后再用钣金锤与垫铁配合将外板的包边部分全部打开。如果边角外有焊点，可用扁铲剔开或用手提砂轮机磨开，尽量不用火焰切割，以防止变形。

（3）将外板表面向下、里面向上放在平台上，用木槌先将塌陷的大坑顶出。然后再翻过来，表面向上、里面向下，用铁锤加垫铁进行敲击，如图 7—17 所示。

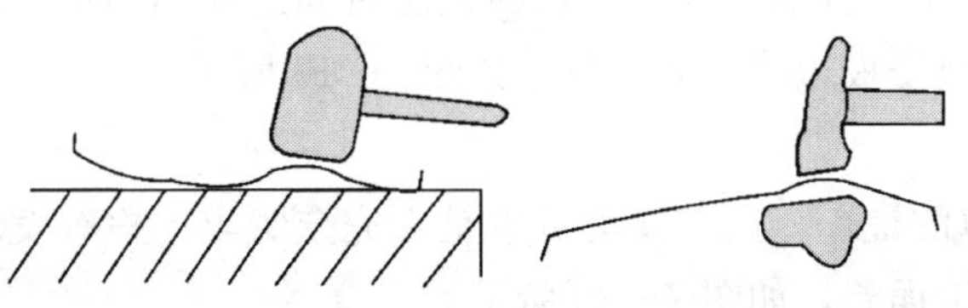

(a)用木槌敲击外板里面　　(b)用铁锤敲击外板表面

图 7—17　整平表面的变形

（4）对工件表面进行光洁处理。对铁锤、垫铁、撬棍等工具作业时留下的凹凸不平的小痕迹，用车身锉刀进行最后的修复。

（5）修复内板。由于发动机罩的内板位于车身内部，只起到加强外板刚度的作用，所以对其表面的质量要求较低，故修复起来也容易很多。其修复方法与外板相似。

（6）内外板合成一体。在内板上涂一层隔热胶，将内板与外板按初始的连接方式合成一体，即将外板的包边重新包住内板的边缘，四角处可用二氧化碳保护焊焊几点，以增加牢固度。最终，应使发动机罩达到原始状态。

（7）安装发动机罩总成上的各零部件，然后将后侧两个铰链固定，再将发动机罩总成安放在原安装位置，拧好铰链紧固螺钉，将其与车身连接起来。

3. 发动机罩的调整

（1）发动机罩与翼子板及前围板之间的调整，如图 7—18 所示。

1）调整发动机罩的前后位置。稍微松开固定发动机罩与铰链的螺栓，再扣上发动机罩。

2）发动机罩前缘必须与翼子板前缘对齐，同时其后缘与前围之间应保留足够的缝隙，以避免开启时相互干扰。

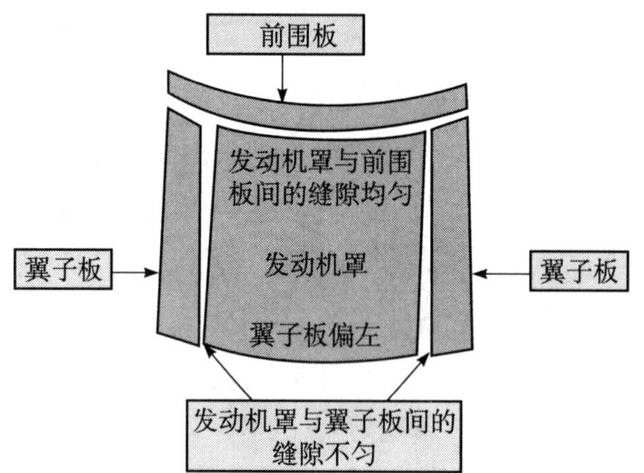

图 7—18　发动机罩与翼子板及前围板之间的调整

（2）发动机罩高度的调整。

1）首先稍微松开铰链与翼子板及前围板边缘处的螺栓，然后轻轻盖上发动机罩，根据情况将它的后缘抬起或压下。

2）对于新换装的发动机罩，容易出现因边缘弯曲造成的高度差。需要调整发动机罩的边缘曲线，使其与翼子板边缘高度一致，如图 7—19 所示。

（3）检查。

1）扣上发动机罩的检查。检查发动机罩是否完全锁牢；检查发动机罩与挡泥板的间隙在高度上是否有较大误差，如图 7—20 所示。

2）打开发动机罩的检查。检查罩锁扣是否平衡解脱，罩锁扣钢绳工作是否正常，罩铰链是否留有自由行程，罩支撑柱是否将罩可靠地撑起，如图 7—21 所示。

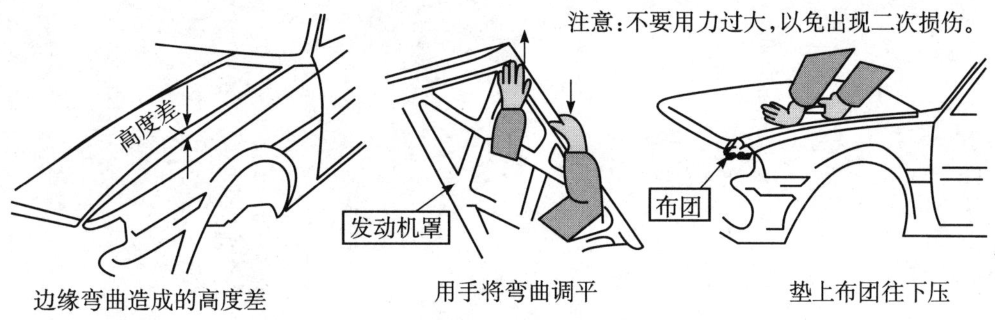

图 7—19　发动机罩高度的调整

图 7—20　发动机罩扣上时的检查

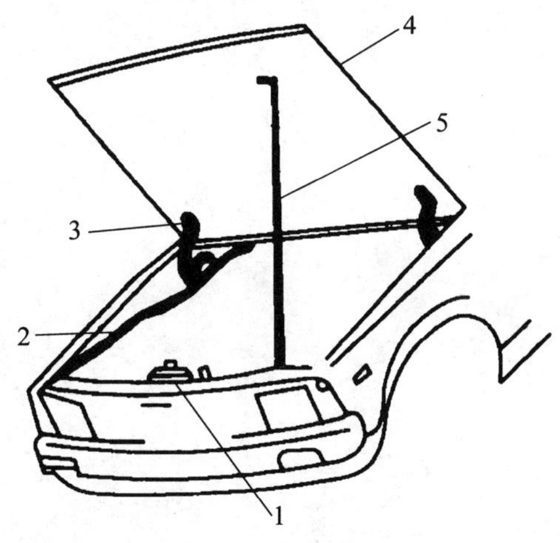

图 7—21　打开发动机罩锁扣的检查

1—罩锁扣；2—钢绳；3—罩铰链；4—发动机罩；5—罩支撑柱

检验实训能力阶段

实训教师给学生指定一处有损伤的车身板件，设定好适当的维修难度，要求使用拉拔方式进行修复，检查学生能否在规定时间内完成教师设定的任务。

学生实训记录单

班 级		姓 名	
学 号		日 期	
实训内容	车身板件变形的拉拔修复		

1. 车身外形修复机的使用。

(1) 电线连接：____。

(2) 挡位选择：____。

(3) 注意事项：____。

2. 车门变形的修复。

(1) 板件上的损伤情况：____________________________________。

(2) 采用最佳的维修工艺：____。

(3) 使用的工具和设备：____。

(4) 修复过程：____。

(5) 遇到的问题：____。

(6) 解决办法：____。

3. 发动机罩的调整。

(1) 与翼子板间隙的调整：____。

(2) 高度调整：____。

4. 本次实训存在的疑问有哪些？最大的难点是什么？有何改进建议？

教师评语：	本次实训成绩
年 月 日	

实训考核记录单

课程：汽车钣金实训教程

时间：30min　　班级：__________学号：__________姓名：__________

考核项目：车身板件变形的拉拔修复					
序号	考核内容	配分	考核记录	扣分	得分
1	安全与卫生习惯	10			
2	准备工作	10			
3	操作流程	60	1. 学生记录： 2. 教师记录：		
4	学生实训记录单	20			
5	完成时限				
	得分合计				

考核教师：________________　________年________月________日

实训八

车身板件变形的加热校正

实训计划

实训能力目标	实训内容及时间安排（分钟）		建议学时
1. 掌握氧乙炔火焰的调整方法。 2. 掌握根据板件加热后的颜色变化来判断加热温度的方法。 3. 掌握车身板件的加热整形工艺。 4. 培养学生独立分析、解决问题的能力。	正确使用氧气乙炔焊接设备，正确调整火焰	20	5学时 （250分钟） 可根据学生的掌握情况，适当调整学时
	通过观察板件加热后的颜色变化来判断加热的温度	30	
	对板件进行各种热处理，并检验处理的效果	50	
	利用加热法校正板件的变形	50	
	利用加热法校正车身板件的变形	50	
	学生完成记录单	10	
	考核	30	
	教师总结及信息反馈	10	

实训过程

一、实训准备阶段

教师的准备工作

教师在实训前的准备：

（1）设备：台虎钳、钣金平台、氧气乙炔焊接设备、车身外形修复机（带加热碳棒）、空气压缩机。

（2）材料：1mm厚钢板（20cm×20cm）、轿车前翼子板或车门。

（3）工具：红外线温度计、钣金锤、垫铁、钢板尺、抹布、水、气枪、空气管、其他常用工具。

学生的准备工作

学生在实训前的准备：

（1）了解本次实训课所要求的技能。

（2）穿戴好个人安全防护用品：工作服、工作帽、工作鞋、防护手套、防护眼镜。

（3）准备好学生实训记录单。

思考如下问题：

（1）氧气乙炔加热火焰如何调整？

（2）板件加热后颜色变化与温度的对应关系如何？

（3）板件的热处理作用是什么？如何进行操作？

（4）如何进行板件变形的热处理？

（5）车身板件发生哪种变形时，可以使用加热的方式进行校正？

（6）车身板件变形的加热校正的操作方法有哪些？

（7）车身板件变形严重，应如何进行加热校正？

实训阶段

一、劳动安全

实训要求穿戴：工作服、工作鞋、工作帽、防护眼镜、耳塞，在使用氧乙炔加热时戴皮手套、茶色护目镜。

二、板件加热校正

1. 氧气乙炔加热设备的使用

（1）工作气气压的调节。

1）氧气压力的调节方法如下：

①在调节压力前，先打开焊枪上的氧气调节阀。

②打开氧气瓶主阀门，顺时针旋转减压器上的减压阀门，直到减压表显示的工作压力到达规定值为止。

③关闭焊枪上的氧气调节阀。

2）乙炔压力的调节方法如下：

①在调节压力前，先打开焊枪上的乙炔调节阀。

②打开乙炔瓶主阀门，顺时针旋转减压器上的减压阀门，直到减压表显示的工作压力到达规定值为止。

③关闭焊枪上的乙炔调节阀。

（2）点燃。

将乙炔调节阀打开约 1/2 圈，点火，进而继续开大乙炔阀使之出现红黄色火焰。

⚠ **注意：**

在点燃火焰时，乙炔出气量要把握好，防止不完全燃烧而产生大量黑烟。

（3）调整火焰。

1）中性焰。缓慢打开氧气调节阀，使火焰变蓝直至获得清晰鲜明的亮白色焰心为止，如图 8—1 所示。

①中性焰焰心呈尖锥形，色白而明亮，轮廓清楚；

②内焰呈蓝白色，内焰处在焰心前 2～4mm 的部位，燃烧最剧烈；

③外焰处在内焰的外部，与内焰没有明显的界限，颜色从淡紫色逐渐向橙黄色变化。

⚠ **注意：**

中性焰焰心与外焰温度较低。内焰温度最高，这个区域最适合焊接。

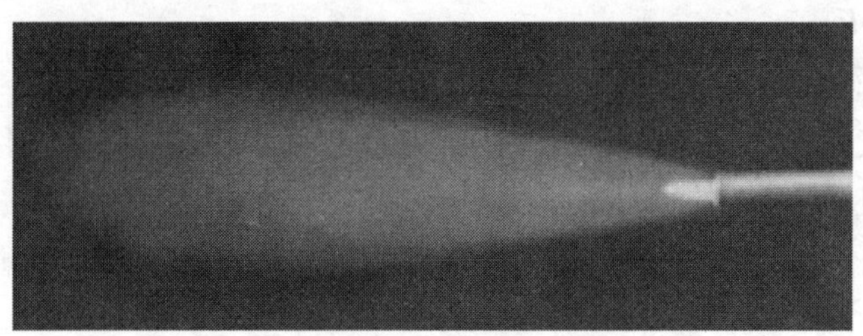

图 8—1　中性焰

2）碳化焰。在中性焰的基础上进行调节，可获得碳化焰，如图 8—2 所示。
①焰心较长，呈蓝白色。
②内焰呈淡蓝色，它的长度与碳化焰内乙炔的含量有关。
③外焰带有橘红色。碳化焰三层火焰之间没有明显轮廓。

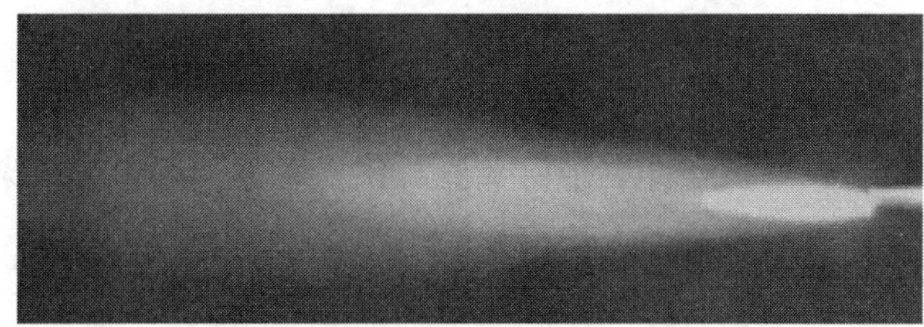

图 8—2　碳化焰

⚠ 注意：

碳化焰不能用于焊接低碳钢及低合金钢，可用于焊接高碳钢、中高合金钢、铸铁、铝和铝合金等材料。

3）氧化焰。在中性焰的基础上进行调节，可获得氧化焰，如图 8—3 所示。
①氧化焰焰心短而尖；
②内焰很短，几乎看不到；
③外焰呈蓝色，火焰挺直；
④燃烧时发出急剧的“嘶嘶”声。

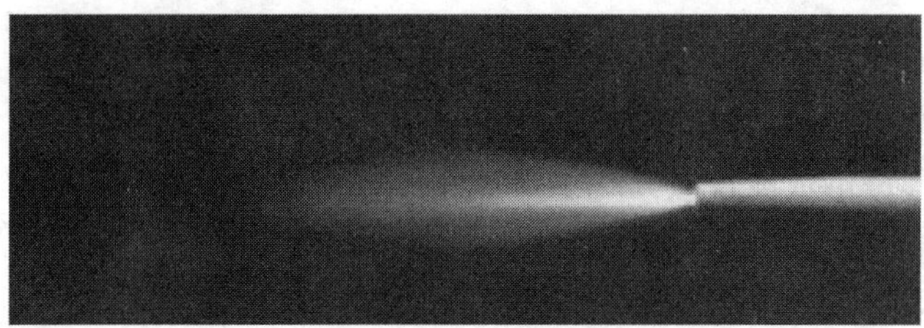

图 8—3　氧化焰

⚠ 注意：

一般材料，绝不能采用氧化焰焊接，但可用于焊接黄铜和锡青铜。气割时，通常使用氧化焰。

(4) 火焰的熄灭。

1) 首先关闭乙炔调节阀，然后再关闭氧气调节阀。

2) 分别将氧气瓶与乙炔瓶主阀门关闭，然后打开焊枪上的气体调节阀，将管路中的气体排放掉，直到压力表上的指针显示为零。

3) 逆时针松开减压表上的调节阀，拧紧焊枪上的气体调节阀，整理好供气管路。

⚠ **注意：**

在旋转焊枪上的气体调节阀时，不要过分用力，只要拧紧不漏气即可。

2. 钢板的加热处理

(1) 观察钢板加热后颜色的变化与温度的关系。

1) 将氧乙炔火焰调整为中性焰，对金属板进行点加热，观察加热部位颜色的变化情况。

2) 同时，使用红外线温度计测量金属板件的表面温度。

3) 将肉眼观察的结果与温度计测量的数值对比，看是否存在较大误差。

4) 反复练习，做到肉眼观察与仪器测量结果相接近。

表 8—1 给出了钢材加热时，其颜色随着温度变化而发生变化的情况。

表 8—1　　钢材的颜色与加热温度的关系

温度（℃）	600	700	800	900	1 000	1 100	1 200	1 300
颜色变化	暗红	红色	淡红	橘红	黄色	淡黄	白色	亮白

5) 当钢加热到 600℃时，才可以用肉眼观察到颜色变化，而这时已经超过绝大多数高强度钢板的耐热温度。在车身维修时，通过观察金属加热后颜色的变化情况，来控制加热的程度。

⚠ **注意：**

在加热练习的时候，每次观察的时间不要超过 10s。

(2) 钢板的热处理。

参照图 8—4 所示的原理，对钢板进行热处理，改变钢板的性能。

1) 正火处理。将钢板锤打使其产生塑性变形，然后借正火处理来整顿其内部结构。

①用火焰尽可能均匀地加热钢板，同时用红外线温度计测量加热温度。

②当加热到 850℃后，以压缩空气来冷却。

③检验钢板的处理效果。

2) 淬火处理。淬火处理用来增加硬度。

①用火焰尽可能均匀地加热钢板，同时用红外线温度计测量加热温度。

②当加热到 850℃后，放入水中急速冷却。

③检验钢板的处理效果。板件硬度应增加，同时脆性也增加。

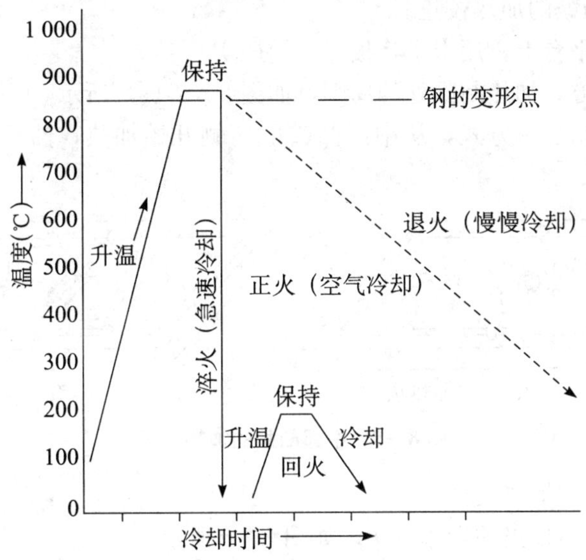

图 8—4　热处理与温度的关系

3）回火处理。回火处理用来增加韧性。

①用火焰将钢板进行淬火处理。

②再次加热到 200℃，然后自然冷却。

③检验钢板的处理效果。板件内部组织将变稳定，韧性将增加。

4）退火处理。退火处理用来增加柔软性。

①用火焰将钢板进行加热，加热的温度根据需求而有所不同，如表 8—2 所示。

②然后慢慢冷却。

③检验钢板的处理效果。

表 8—2　退火温度不同会获得不同的结果

需求	加热温度	效　果
消除应力	150～600℃	可消除材料在机械加工期间所产生的内应力
柔软化	600～700℃	在各种管类或线类钢材制造期间可改善材料的切削性，便于切削
结构调整	800℃以上	整顿材料的内部结构

⚠ 注意：

在车身维修时，经常会用到板件的热处理方式，加热的温度一定要控制好。在保证维修效果的前提下，加热的温度越低越好，加热的范围越小越好。

3. 板件变形的加热校正

（1）选择加热方式。

1）如果使用氧乙炔火焰加热，可将火焰调整为中性焰。

2）如果使用带加热碳棒的车身外形修复机进行加热，那么应选择整形机的加热功能，安装好加热碳棒就可以进行加热校正了。

（2）板件中部凸鼓的加热校正。

1）将板料置于平台上，用卡子将板料四周压实。

2）用点状加热方式加热凸鼓处的周围，如图 8—5（a）所示。

3）也可采用线状加热方式，从中间凸鼓的两侧开始加热，然后逐步向凸鼓处围拢，如图 8—5（b）所示。

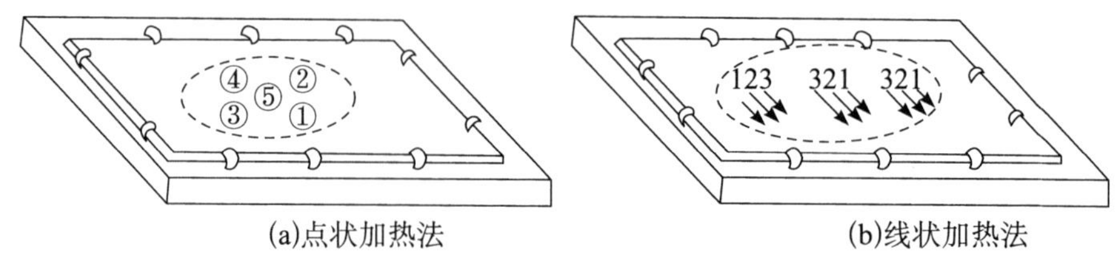

图 8—5　中部凸鼓的加热校正

（3）边缘波浪形的加热校正。

边缘波浪形的加热校正的操作方法，如图 8—6 所示。

1）用线状加热方式先从凸起的两侧平的地方开始加热；再向凸起处围拢，加热次序如图 8—6 所示。

2）若经过第一次加热后尚有不平，可重复进行第二次加热校正，但加热线位置应与第一次错开。

3）加热线长度一般为板宽的 1/2～1/3，加热线距离视凸起的高度而定，凸起越高，距离应越近，一般取 50～20mm。

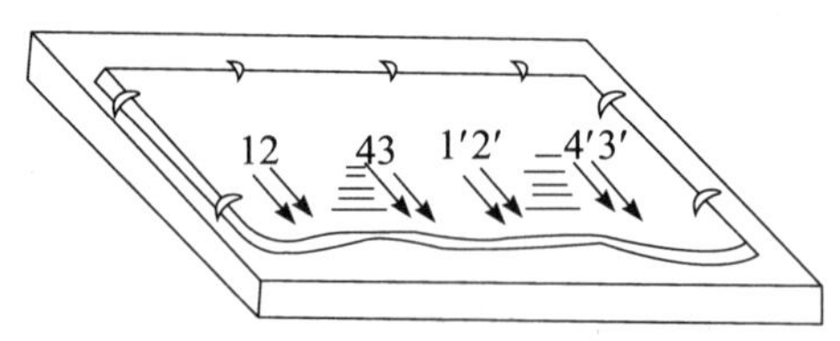

图 8—6　边缘波浪形的加热校正

⚠ 注意：

在进行线状加热校正时，要用卡子将板料三面压在平台上，但是波浪形变形集中的一边不要卡紧。

（4）车身板件的加热校正。

当平面面积较大的车身板件受到撞击或敲打维修后，板件会由于膨胀而不稳定。用手摁或者敲打其附近时，表现为上下跳动，并伴随着“啪、啪”声。这时需要进行加热校正，方法如下：

1）确定变形部位情况。要保证需要加热部位的背面有操作空间，能放入垫铁。

2）确定变形程度，变形的中心位置在哪里，估计需要进行几点加热，分别在哪里加热。

3）选择加热方式。如果使用氧乙炔火焰加热，可将火焰调整为中性焰；如果使用带加热碳棒的车身外形修复机进行加热，那么应选择整形机的加热功能，安装好加热碳棒就可以进行加热校正了。

4）加热时从变形的中心开始，用点状加热方式加热。通过观察板件颜色的变化，将加热温度控制在800℃以下。

5）将垫铁垫在加热部位的背面，用钣金锤轻轻敲击正面，使金属结构尽快回复。

6）大约半分钟以后，金属恢复本来颜色。用抹布蘸水对加热部位进行冷却处理，使板件变形得以恢复。

7）如果板件变形严重，不要试图一次修复，要分多次进行加热校正，如图8—7所示。

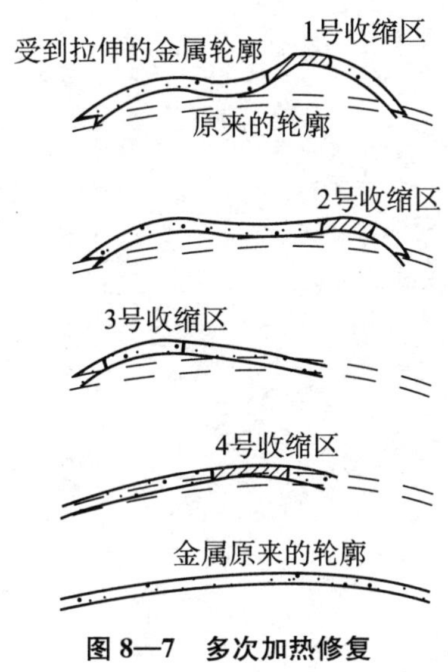

图8—7　多次加热修复

注意：

◆ 在维修车身板件变形时，为使板件免受更多损伤，能采用敲打法修复就不用拉拔法修复，能用拉拔法修复就不用加热法修复。

◆ 尽可能不在板件上钻孔。

◆ 尽可能少使用焊接方式。

◆ 要保护好损伤板件的附件。

检验实训能力阶段

由实训教师为学生提供一块钢板，要求学生通过板件加热后颜色的变化来判断加热温度。检验学生是否能在规定的时间内完成教师设定的任务。

学生实训记录单

班　级		姓　名	
学　号		日　期	
实训内容	车身板件变形的加热校正		

1. 金属板件的热处理。

（1）观察金属颜色变化，判断板件的温度：____。

（2）板件的正火处理：____。

效果：____。

（3）淬火处理：____。

效果：____。

（4）回火处理：____。

效果：____。

（5）退火处理：____。

效果：____。

2. 板件变形的火焰加热校正：____。

效果：____。

3. 板件变形的电加热校正：____。

效果：____。

4. 比较两种加热校正方式各有何优缺点：____。

5. 本次实训存在的疑问有哪些？最大的难点是什么？有何改进建议？

教师评语： 年　月　日	本次实训成绩

实训考核记录单

课程：汽车钣金实训教程

时间：30min　　班级：__________学号：__________姓名：__________

考核项目：车身板件变形的加热校正					
序号	考核内容	配分	考核记录	扣分	得分
1	安全与卫生习惯	10			
2	准备工作	10			
3	操作流程	60	1. 学生记录： 2. 教师记录：		
4	学生实训记录单	20			
5	完成时限				
	得分合计				

考核教师：________________　________年________月________日

实训九

车身气体保护焊

实训计划

<table>
<tr><th>实训能力目标</th><th colspan="2">实训内容及时间安排（分钟）</th><th>建议学时</th></tr>
<tr><td rowspan="8">1. 能够熟练安装二氧化碳气体保护焊焊接设备。
2. 能够熟练调节二氧化碳气体保护焊的焊接参数。
3. 掌握几种基本的焊接方法。
4. 能够熟练进行车身板件的对接与搭接操作。
5. 培养学生独立分析、解决问题的能力。</td><td>正确安装和调节二氧化碳气体保护焊焊机</td><td>20</td><td rowspan="8">6 学时
（300 分钟）
根据学生的掌握情况，可适当调整学时</td></tr>
<tr><td>正确调节焊接参数</td><td>20</td></tr>
<tr><td>掌握连续焊、塞焊工艺</td><td>50</td></tr>
<tr><td>使用不同的工艺，进行车身板件的搭接和对接</td><td>100</td></tr>
<tr><td>正确检验焊接质量，分析焊接缺陷形成的原因，提出解决办法</td><td>40</td></tr>
<tr><td>学生完成记录单</td><td>10</td></tr>
<tr><td>考核</td><td>50</td></tr>
<tr><td>教师总结及信息反馈</td><td>10</td></tr>
</table>

实训过程

一、实训准备阶段

教师的准备工作

教师在实训前的准备：

（1）设备：二氧化碳气体保护焊焊机、台虎钳、焊接平台、钣金平台。

（2）材料：1mm 厚钢片（15cm×5cm）若干、报废的汽车翼子板或车门、二氧化碳保护气、0.8mm 焊丝。

（3）工具：大力钳、焊接钳、钢板尺、游标卡尺、钢板剪刀、手电钻、钻头、砂纸、钣金锤、其他常用工具。

学生的准备工作

学生在实训前的准备：

（1）个人防护用品：安全鞋、工作服、工作帽、线手套、焊接手套、焊接面罩、耳塞、护脚、护膝。

（2）了解本次实训课所要掌握的操作技能。

（3）准备好学生实训记录单。

思考如下问题：

（1）进行二氧化碳保护焊焊接时，应该如何穿戴防护用品？

（2）二氧化碳保护焊设备由哪几部分组成？

（3）二氧化碳保护焊焊接参数如何调整？

（4）进行多层板件的塞焊时，需要注意什么？

（5）为了防止板件变形，在焊接时采取的措施有哪些？

（6）如何检验焊接质量？评判的标准如何？

实训阶段

一、劳动安全

1. 工作服

在焊接时，裤长要能盖住鞋头，防止炽热的火花或熔化的金属进入鞋子。

（1）下身通常可穿戴皮质的裤子、绑腿、护脚来防止熔化的金属烧穿衣物。

（2）上身的保护包括焊工夹克或皮围裙，如图 9—1 所示。

图 9—1　专用焊接工作服

2. 面部防护用品

（1）在进行保护焊、等离子切割或氧乙炔焊操作时应佩戴有深色镜片的防护面罩，如图 9—2 所示。

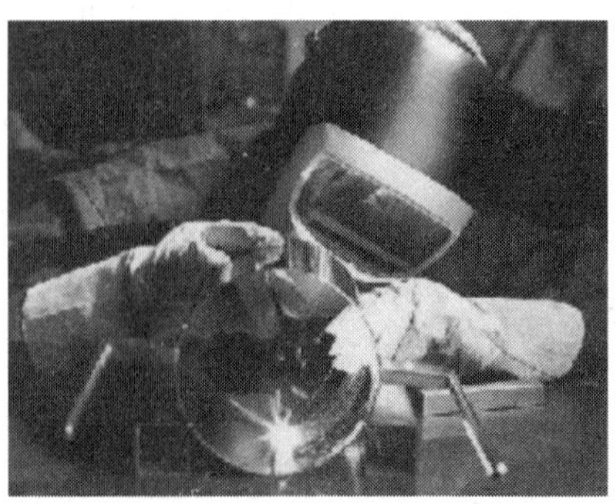

图 9—2　面部防护

（2）如果工作环境空气污染严重则需要佩戴有送风功能的防护面罩，如图 9—3 所示。

3. 手部防护

(1) 进行一般性的工作要佩戴线手套。

(2) 接触有机溶剂时要佩戴耐溶剂手套。

(3) 在焊接时应戴上皮质的焊接手套，如图 9—4 所示。

图 9—3 带送风系统的防护面罩

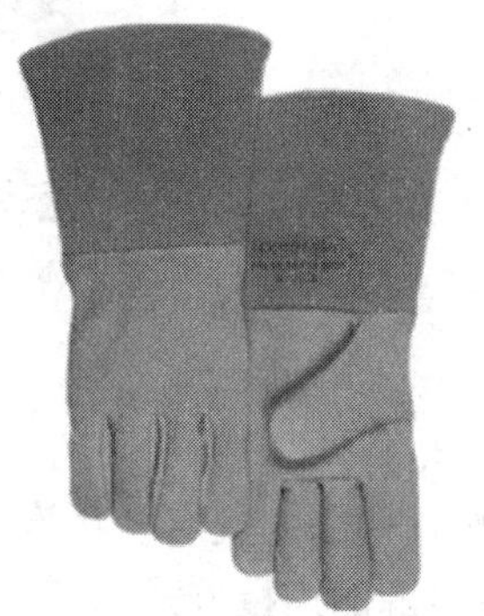

图 9—4 焊接用皮手套

4. 腿、足部防护

(1) 在焊接时最好穿绝缘鞋，在腿部和脚部最好有焊接护腿和护脚保护，如图 9—5 所示。

(2) 在操作时有可能会跪在地上操作，时间长了会引起膝盖损伤，最好佩戴护膝。

5. 呼吸系统和肺部的防护

(1) 在烟尘严重的环境中要佩戴防尘口罩。

(2) 在有溶剂挥发的环境中要佩戴防毒面具。

(3) 进行焊接及金属切割时，佩戴焊接用防护口罩，如图 9—6 所示。

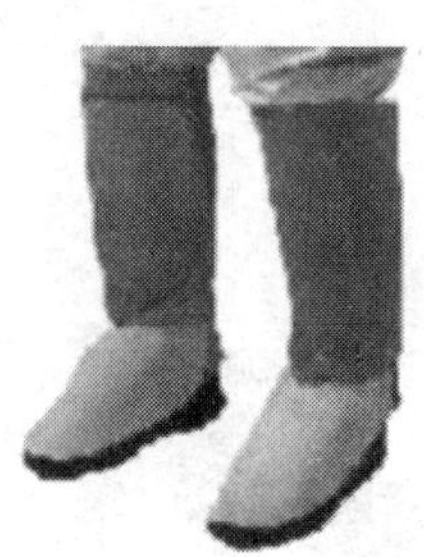

图 9—5 脚和腿部的防护

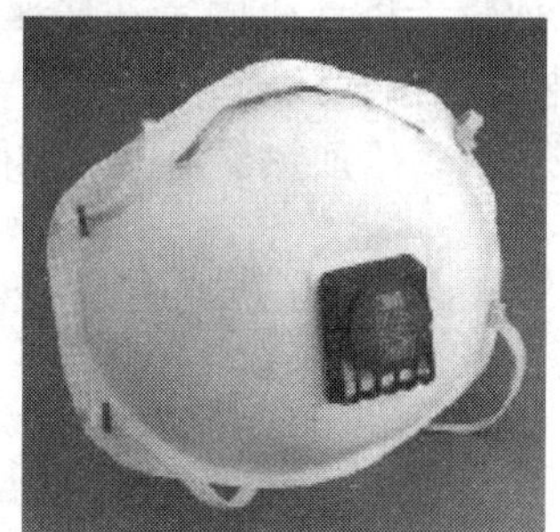

图 9—6 焊接用防护口罩

⚠ 注意：

防尘口罩在使用时，要把口罩上的金属条放在鼻梁的位置，并用力按压，使其与面部密闭，如图 9—7 所示。

二、气体保护焊焊机的使用

指导学生正确地组装和调整二氧化碳气体保护焊焊机。

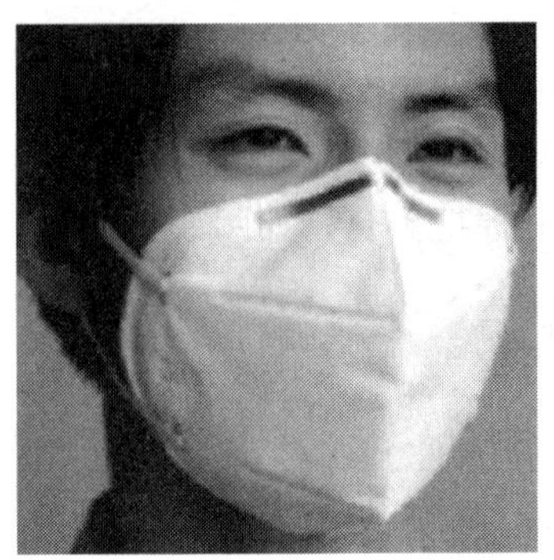

图 9—7　防尘呼吸口罩的佩戴

1. 焊机的安装

(1) 连接电线。

按照焊机说明书的规定，将惰性气体保护焊焊机的电缆与电源相连接。

1) 直流电源的连接方式一般为直流反向极性连接，即焊丝为正极、工件为负极。采用这种连接时，焊接熔深最大。

2) 如果需焊接的材料非常薄，应以正向极性连接方式进行焊接，焊丝为负极而工件为正极。焊接时在焊丝上产生更多的热量，工件上的焊接熔深较浅，飞溅严重。

(2) 连接保护气。

1) 选择保护气。保护气体的种类根据需要焊接的板件决定。

①钢材使用二氧化碳或二氧化碳和氩气的混合气作为保护气体。

②对于铝材，则根据铝合金的种类和材料的厚度，分别采用氩气或氩、氦混合气体进行保护。

③如果在氩气中加入 4%～5%的氧气作为保护气，就可以焊接不锈钢。

2) 用链条或带子将气瓶固定在底座上，使气瓶和惰性气体保护焊焊机连接在一起。也可将气瓶安装在墙壁、柱子等处。

3) 安装减压表，给加热器通电，如图 9—8 所示。

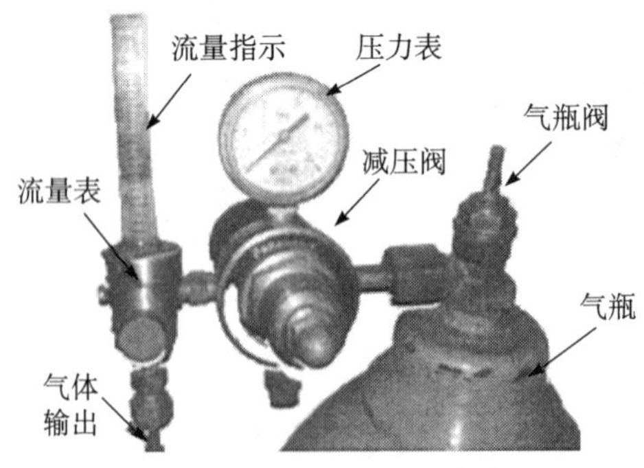

图 9—8　安装二氧化碳减压表

⚠ 注意：

气瓶内为高压，在搬动时要注意不要碰撞气瓶。

（3）安装焊丝。

1）选择焊丝。车身修理中使用的焊丝种类是 AWS—70S—6，焊丝的直径为 0.6～0.8mm。使用最多的是直径为 0.6mm 的焊丝，如图 9—9 所示。

图 9—9　二氧化碳保护焊焊丝

2）按照设备说明书的规定安装并调整送丝装置中的各元件，如图 9—10 所示。

①确保送丝轮槽、焊丝导向装置、送丝管和焊枪的导电嘴的尺寸都与所使用的焊丝的尺寸一致。

②用手将焊丝送进约 300mm，保证焊丝能够顺利地通过送丝管和焊枪。

③对送丝的速度进行控制，拧紧压紧手柄送丝加快，反之变慢。

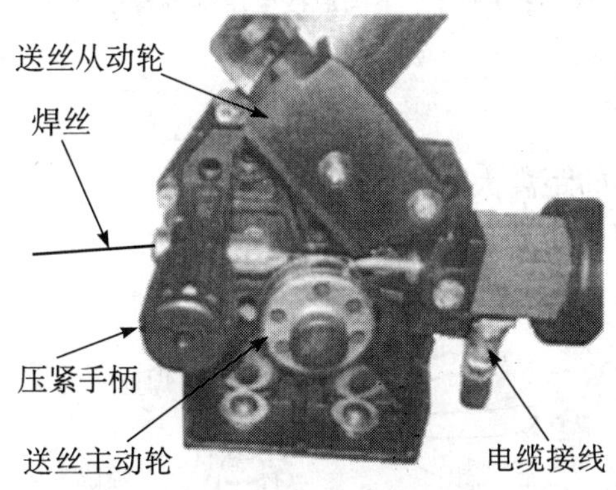

图 9—10　安装并调整送丝速度

⚠ 注意：

送丝轮的压力要合适：压力过大焊丝会变形，在送丝管内会产生螺旋效应，导致送丝不稳定；压力过小则焊丝会在喷嘴受阻不能进给。

2. 焊接参数的调整

（1）焊接电流的调整。

表 9—1 给出了厚度不同的板和粗细不同的焊丝所需要的焊接电流。

表 9—1　焊接电流的调整

焊丝直径（mm）	金属板厚（mm）						
	0.6	0.8	1.0	1.2	1.4	1.6	1.8
0.6	20～30A	30～40A	40～50A	50～60A			
0.8			40～50A	50～60A	60～90A	100～120A	
1.0					60～90A	100～120A	120～150A

（2）电弧电压的调整。

电弧电压应该与焊接电流配合选择。

1）随着焊接电流的增加，电弧电压也应相应加大。

2）短路过渡时，电压为 16～24V；粗滴过渡时，电压应为 25～45V。

3）电压过高或过低，都会影响电弧的稳定性和增加飞溅。

4）电弧电压过高时，电弧的长度增大，焊接熔深减小，焊缝呈扁平状。

5）电弧电压过低时，电弧的长度减小，焊接熔深增加，焊缝呈狭窄的圆拱状。

不同焊接电压的焊接效果如图 9—11 所示。

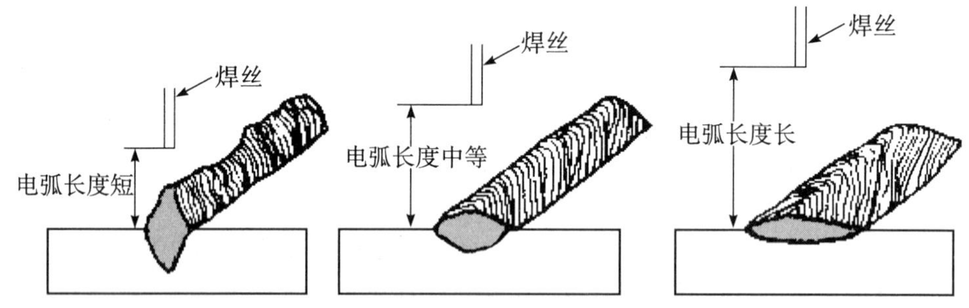

图 9—11　不同焊接电压的焊接效果

（3）焊枪喷嘴的调整。

1）距离的调整：

①调整导电嘴到喷嘴的距离大约为 3mm。

②焊丝伸出喷嘴为焊丝直径的 10～20 倍，一般在 5～8mm 之间较合适。如果焊丝伸出长度过长可以用偏嘴钳剪断，如图 9—12 所示。

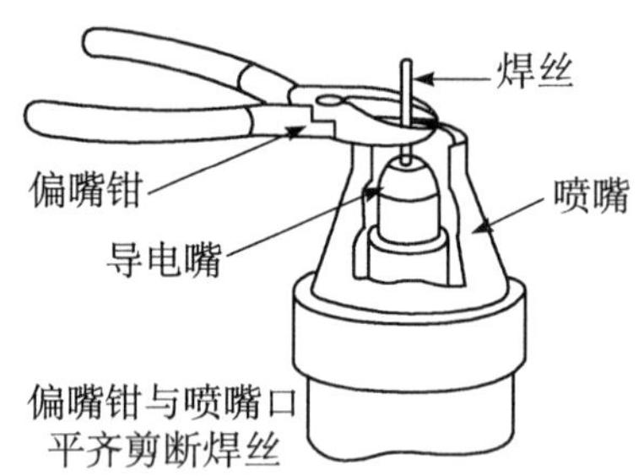

图 9—12　剪断多余的焊丝

⚠ **注意：**

在剪断焊丝端部的圆球时，不可将导电嘴指向操作人员的脸部。

2）喷嘴溅出物的处理。如果溅出物黏附于喷嘴的端部，应用一个合适的工具（例如锉刀）清除掉导电嘴上的溅出物，然后检查焊丝是否能够平稳地送出。

3）导电嘴的检查。坏了的导电嘴应及时更换，以确保产生稳定的电弧。为了得到平稳的气流和电弧，应适当拧紧导电嘴。

（4）焊接时焊枪角度的调整。

焊枪角度都应在 10°～15°之间，如图 9—13 所示。

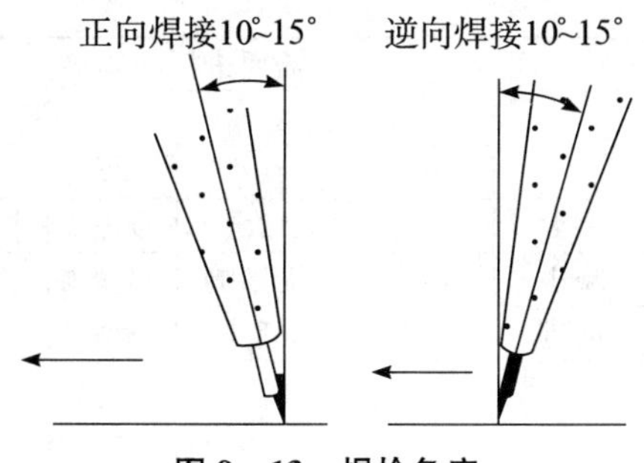

图 9—13 焊枪角度

（5）保护气流量的调整。

1）根据喷嘴和板件之间的距离、焊接电流、焊接速度以及焊接环境（焊接部位附近的空气流动）来调整保护气体的流量。

2）通常焊接电流在 200A 以下时，气体流量选用 10～15L/min；焊接电流大于 200A 时，气体流量选用 15～25L/min。

3）在使用过程中，二氧化碳减压表的压力值是基本不变的。只有当液态的二氧化碳用完，压力表的指示会变小，提示需要马上充气了。

（6）焊接速度的调整。

一般来说，焊接速度由工件的厚度、焊接电压两种因素决定。表 9—2 给出了不同厚度的板件焊接时的焊接速度。

表 9—2　　焊接速度调节

板件厚度（mm）	焊接速度（m/min）
0.6～0.8	1.1～1.2
1.0	1.0
1.2	0.9～1.0
1.6	0.8～0.85

⚠ 注意：

如果焊枪的移动速度快，焊接熔深和焊缝的宽度都会减小，而且焊缝会变成圆拱形。当焊枪移动速度进一步加快时，将会产生咬边。而焊接速度过低则会产生许多烧穿孔。

表 9—3 列出了各种焊接参数对焊接质量的不同影响，以及为改变各种焊接特性所需进行的调整。

表 9—3　　各种焊接参数的调整

焊接参数	需要进行的调整							
	焊接熔深		熔敷速度		焊缝大小		焊缝宽度	
			增大	减小	增大	减小	增大	减小
电流、送丝速度	增大	减小	增大	减小	增大	减小	无影响	无影响
电压	影响小	影响小	无影响	无影响	无影响	无影响	增大	减小
运行速度	影响小	影响小	无影响	无影响	减小	增大	增大	减小
焊丝伸出长度	减小	增大	增大	减小	增大	减小	减小	增大

续前表

焊接参数	需要进行的调整							
	焊接熔深		熔敷速度		焊缝大小		焊缝宽度	
			增大	减小	增大	减小	增大	减小
焊丝直径	减小	增大	减小	增大	无影响	无影响	无影响	无影响
CO_2 含量	增大	减小	无影响	无影响	无影响	无影响	增大	减小
焊炬角	后退到 25°	前进	无影响	无影响	无影响	无影响	后退	前进

三、焊接练习

1. 练习几种常用的焊接方式

由实训教师给学生提供两块 1mm 厚、10cm×5cm 大小的钢板，指导学生使用二氧化碳保护焊进行连续焊、塞焊、点焊等焊接练习。

练习时可以先在厚一点的钢板上进行，不要求将板件连接起来，只要熟悉焊接手法，能在板件表面焊出良好的焊缝即可。

当练习将板件焊接在一起时，应该首先用大力钳将板件固定好，再按规范的操作方法焊接。

（1）连续焊。

连续焊的操作方法，如图 9—14 所示。

1）焊枪缓慢、稳定地向前移动，形成连续的焊缝。

2）操作中保持焊枪的稳定进给，以免产生晃动，将得到高度和宽度恒定的焊缝，而且焊缝上带有许多均匀、细密的焊波。

3）采用正向焊时，连续匀速地移动焊炬，并经常观察焊缝。不能正常进行焊接的原因可能是焊丝太长。焊丝过长，金属的焊接熔深将会减小。

4）为了得到适当的焊接熔深，以提高焊接质量，应使焊枪靠近板件。

图 9—14　连续焊

（2）塞焊。

塞焊的操作方法如下：

1）进行塞焊前，应先在上面的板件上打孔。一般来说 1mm 厚的钢板上钻 5mm 直径的孔即可，如图 9—15 所示。

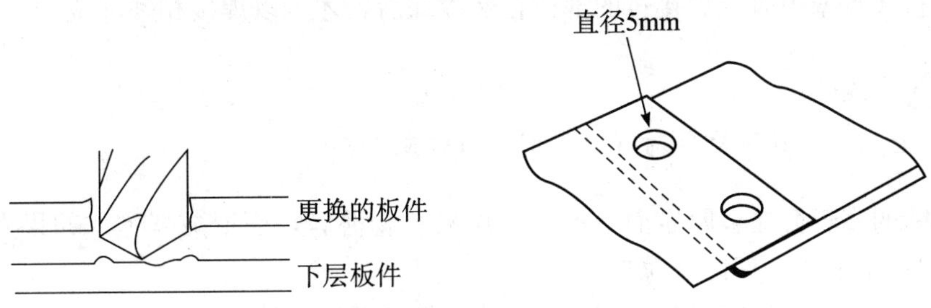

图 9—15　在上层金属板上钻孔

注意：

焊接不同厚度的金属板时，应将较薄的金属板放在上面。

2）当需要将两层以上的金属板焊接在一起时，应在最下层的金属板上的每一层金属板上钻一个孔，并且要求每一层金属板的塞焊孔直径小于其上层金属板塞焊孔的直径。

3）夹紧装置必须位于焊接位置的附近，保证板件非常牢固地固定在一起。还要求板件间不要有太明显的缝隙。

4）焊接时，焊枪和被焊接的表面保持一定的角度，将焊丝放入孔内。短暂地触发电弧，然后断开触发器，反复多次，直到熔融金属填满该孔并凝固为止，所有板件将被焊接在一起，如图 9—16 所示。

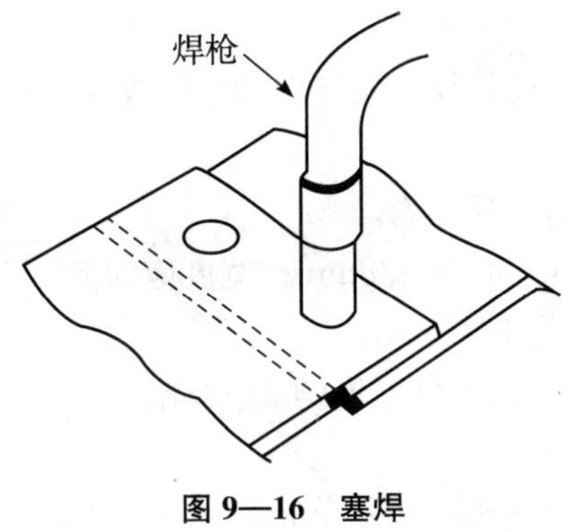

图 9—16　塞焊

5）一定要让焊接深入到下面的金属板。在金属板下面有半球形隆起表明有适当的焊接熔深，如图 9—17 所示。

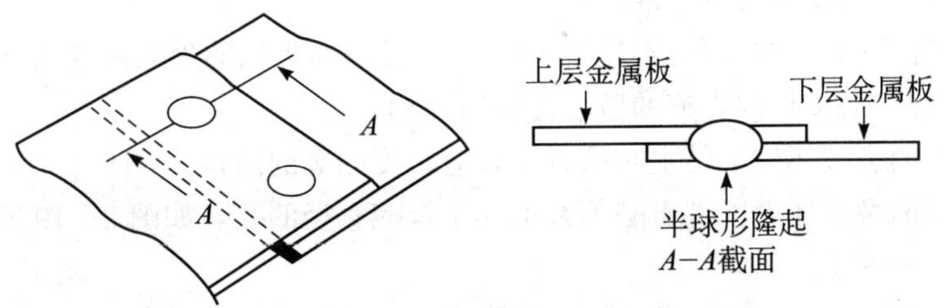

图 9—17　焊透底层金属板

6）进行多点塞焊时，焊接过的部位自然冷却后，才可以焊接相邻部位。

⚠ **注意：**

不能用水或压缩空气对焊点周围进行强制冷却。

7）间断的塞焊会在金属表面上产生一层氧化物薄膜，而形成气泡。如果发生这种情况，可用钢丝刷来清除氧化物薄膜。

8）在进行一个孔的塞焊时要求一次完成，避免两次焊接。

（3）点焊。

点焊的操作方法，如图 9—18 所示。

1）当对厚度不同的金属进行点焊时，应将较薄的金属焊接到较厚的金属上。

2）对点焊工艺参数进行调整时，最好借助于金属样品。

3）当送丝定时脉冲被触发时，电弧引入被焊的两块金属板，将两层金属板熔化熔合焊接在一起。

4）每完成一次点焊，都应断开触发器，然后再将触发器合上，以便进行下一次点焊。

图 9—18　点焊

5）为了检验点焊的质量，可将焊接在一起的两个样品拉开。高质量的焊接接头会在底层的试样上裂开一个小孔。如果焊接接头很容易被拉开，则应延长焊接时间或提高焊接温度。

2. 检查焊接质量

下面是车身修理中常用的搭接焊、对接焊和塞焊焊接质量的检验标准，试验板件的厚度均为 1mm。

（1）搭焊和对接焊焊疤的外观检测。

1）工件正面。焊疤长度应为 25～38mm；宽度应为 5～10mm。

2）工件背面。焊疤宽度为 0～5mm。

3）对接焊工件的夹缝宽度是工件厚度的 2～3 倍。

（2）塞焊焊疤的外观检测。

1）工件正面。焊疤的直径应为 10～13mm。

2）工件背面。焊疤的直径应为 0～10mm。

3）焊疤不允许有孔洞或焊渣等缺陷。

（3）焊件焊疤高度的检测标准。

焊件正面焊疤的最大高度应不超过 3mm，焊件背面焊疤的最大高度应不超过 1.5mm。

（4）对接焊和搭接焊的焊疤的破坏性试验检测。

1）对接焊撕裂破坏后工件上必须有与焊疤长度相等的豁口。

2）搭接焊撕裂破坏后工件上必须有不小于焊疤直径的孔，如图 9—19 所示。

3. 板件连接练习

（1）板件定位。

1）将需要焊接的两块板件的接缝处处理平整，处理掉油污、铁锈等杂质。

图 9—19　搭接焊撕裂试验后的效果

2）调整两个对接板件的间隙为板件厚度的 2～3 倍，并用大力钳固定好，如图 9—20 所示。同时要保证板件与焊接平台连接牢固，防止在焊接过程中移动。

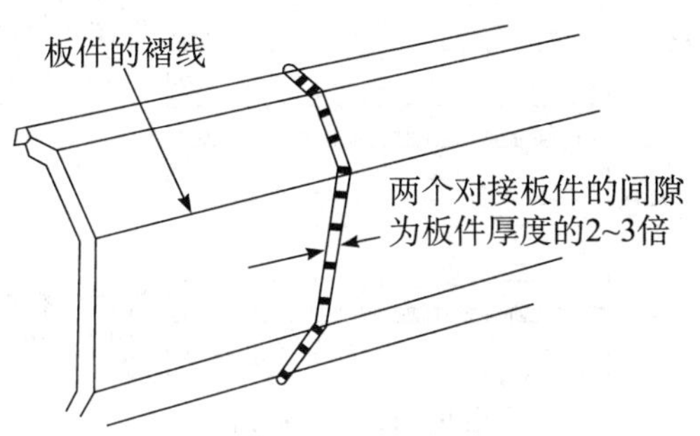

图 9—20　对接焊缝隙宽度

（2）板件对接。

1）如果焊缝较长，最好在金属板的若干处先进行定位焊（连续点焊），以防止金属板变形。定位时，两个定位焊点之间的距离不超过 20mm，金属板的厚度越小，焊缝的长度应越短。

⚠ 注意：

各焊点间的距离大小与板件的厚度有关，一般为板件厚度的 15～30 倍，如图 9—21 所示。根据实际操作经验，1mm 厚钢板的定位焊点距离不能超过 20mm。

2）焊接时要采用分段焊接，让某一段区域的对接焊自然冷却后，然后再进行下一区域的焊接，如图 9—22 所示。

3）从工件的中心处开始焊接，并经常改变焊接的位置，以便将热量均匀地扩散到板件金属中去，如图 9—23（a）所示。

如果从金属的边缘处或靠近边缘的地方开始焊接，即使采用分段焊，金属板仍会产生弯曲变形，如图 9—23（b）所示。

4）在距离焊缝的终点很近的地方产生电弧，然后立刻将焊枪移动到焊缝的起点处。

5）焊接时，要密切注意金属板的熔化、焊丝和焊缝的连续性，还要注意焊丝的端部

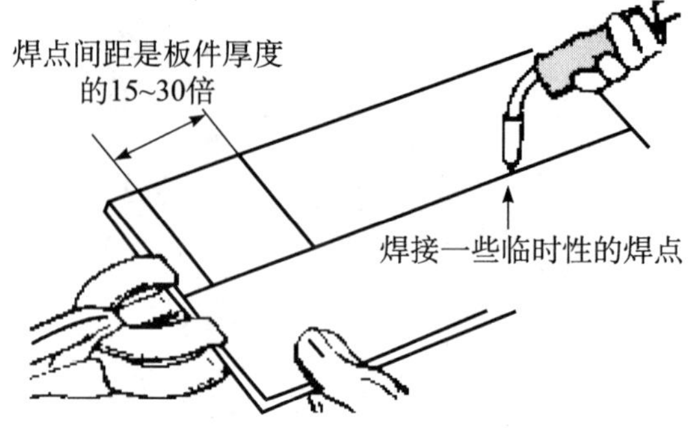

图 9—21　定位焊的焊点间距

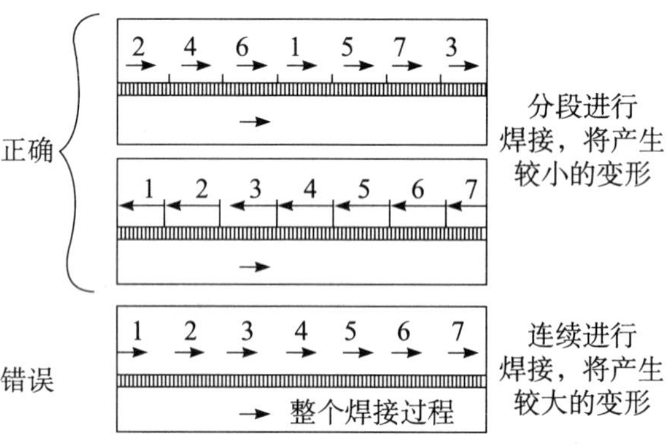

图 9—22　焊接顺序

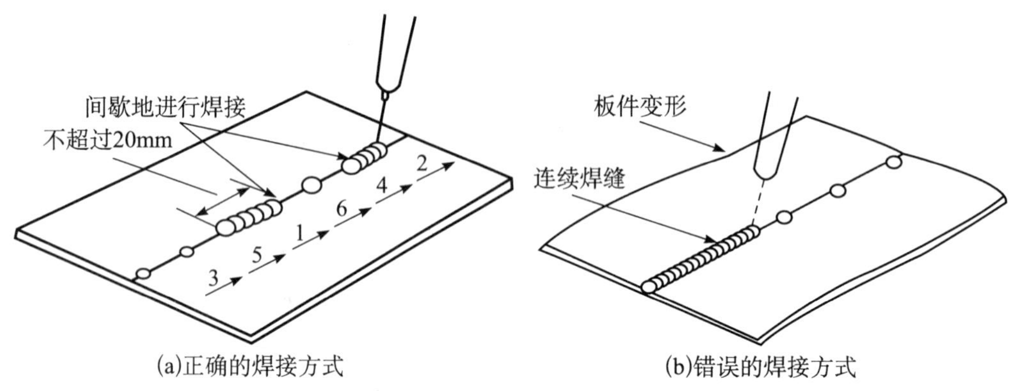

图 9—23　间歇焊防止金属板变形

不可偏离金属板间的对接处。

6）保证焊接完的焊缝宽度和高度保持一定。

四、车身板件的焊接

1. 车身板件的对接

（1）用大力钳将需要焊接的板件固定在一起。在无法夹紧的地方，用锤子或金属螺钉将两块金属板固定在一起，如图 9—24 所示。

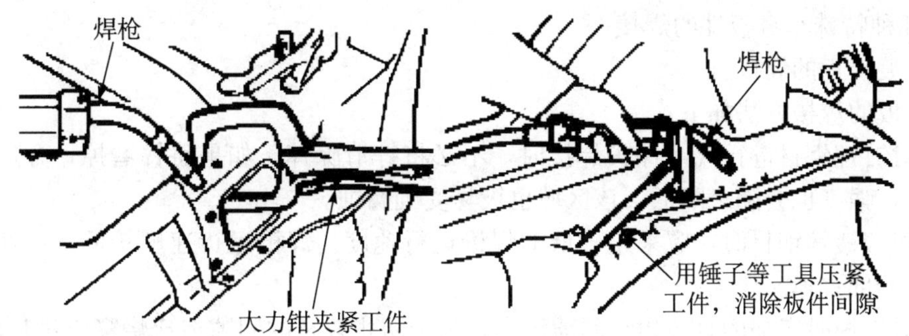

图 9—24　焊接前的夹钳定位

⚠ 注意：

焊接完成后，要将螺钉孔焊满。

（2）在进行永久性焊接前，用很小的临时点焊来对需要焊接的工件进行初步固定，如图 9—25 所示。

（3）用一字螺丝刀调整板件表面的高度差，在适当的位置继续进行定位焊，如图 9—26 所示。

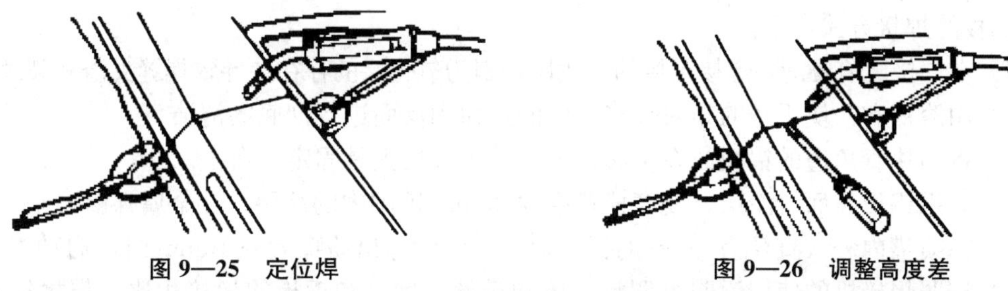

图 9—25　定位焊　　图 9—26　调整高度差

（4）用螺丝刀撬动，调整位置，准备进行分段连续焊接，如图 9—27 所示。

（5）按照定位焊点的间距，分段地间歇地将板件焊接在一起，如图 9—28 所示。

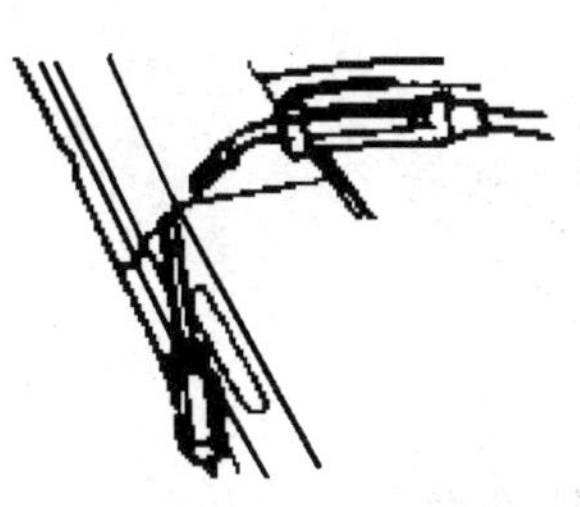

图 9—27　调整位置

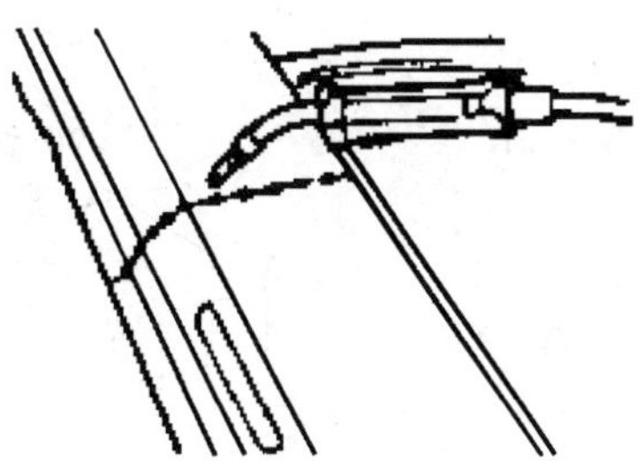

图 9—28　分段、间歇焊接

⚠ 注意：

如果采用二氧化碳气体保护焊没有得到预期的效果，其原因可能是导电嘴和板件金属之间的距离过大。焊接熔深随着导电嘴和板件金属之间距离的增大而减小。操作时，试将导电嘴和板件金属之间的距离保持几个不同的值，直至获得理想的焊点，这时的距离值即为最佳值。

2. 几种特殊车身板件的焊接

（1）镀锌板的焊接。

镀锌板的焊接方法如下：

1）对镀锌钢材进行气体保护焊接时，不必将锌清除掉。如果将锌磨掉，金属板的厚度会降低，强度也会随之降低，该区域也极易受到腐蚀。

2）焊接镀锌钢材时，应采用较低的焊枪运行速度。焊枪运行速度较低，可使锌在焊接熔池的端部烧掉。

3）对接焊时底部的直角边缘间隙稍大，为了防止较宽的间隙造成烧穿或过量的熔深，焊接时，应使焊枪左右摆动。

4）焊接镀锌钢材产生的溅出物比较多，应在焊枪喷嘴的内部加上防溅剂，并且应该经常清洁喷嘴。

⚠ 注意：

- ◆ 镀锌钢板焊接时会产生锌蒸气，而锌蒸气有毒，所以应有良好的通风条件。
- ◆ 在进行焊接操作时操作人员应该戴上供气的防毒面罩。

（2）铝板的焊接。

铝板的焊接方法如下：

1）在焊接之前要清除焊接区域的氧化层，因为氧化层的存在会导致焊缝夹渣和裂纹。

2）用溶剂和一块干净的布对焊接部位的正面和反面进行彻底的清洁。

3）将两块直角边的铝板放在金属台上，并用焊接夹具固定在台上。

4）如果铝板表面有涂层，要磨掉宽度为 20mm 范围内的涂层，让金属裸露出来。

5）在喷嘴内装入直径为 1mm 的铝焊丝，当焊丝伸出喷嘴大约 10mm 时，启动焊机。

6）按照焊接机的使用说明书调整电压和送丝速度。和钢板的焊接相比，焊接铝板时的送丝速度较快。

7）焊炬应更加接近垂直位置。焊接方向只能从垂直方向倾斜 5°～15°，如图 9—29 所示。

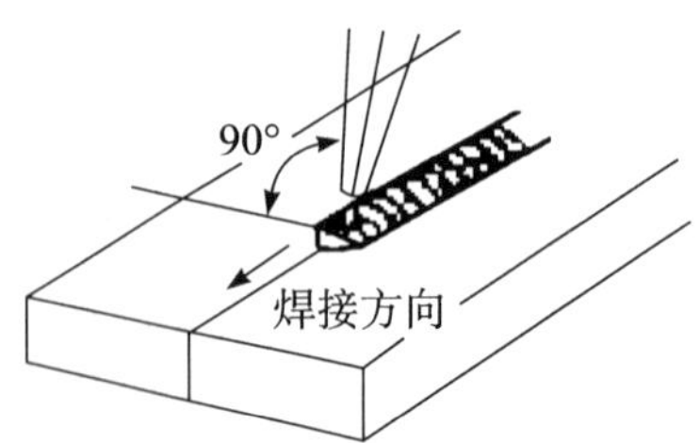

图 9—29 铝板焊接时的焊炬角度

8）焊接铝板会产生更多的溅出物，应在喷嘴和导电嘴的端部涂上防溅剂。

⚠ 注意：

- ◆ 铝板焊接只能采用正向焊接法，不能进行逆向焊接。只能推，不能拉。
- ◆ 要使用 100％的氩气，保护气体的数量要比焊接钢板时增加约 50％。

检验实训能力阶段

由实训教师给学生提供 4 块长 10cm、宽 5cm、厚 1mm 的钢板，要求学生将 4 块钢板分别用对接焊、搭接焊和塞焊的方法，逐一连接起来。检查学生能否在规定的时间内完成教师设定的任务。

学生实训记录单

班　级		姓　名	
学　号		日　期	
实训内容	车身气体保护焊		

1. 二氧化碳气体保护焊焊机的组装：

（1）电源连接：________________________________。

（2）焊丝安装：________________________________。

（3）保护气连接：________________________________。

2. 焊接参数的调整：

（1）检气，调整保护气流量：________________________________。

（2）在废板件上焊接，板件厚度为________，调整焊接电流到________，调整焊接电压到________，焊接距离为________，焊接速度大约为________。

（3）在厚一些的板件上进行焊接练习，能否形成良好的焊缝________，存在的问题：________________________________。

解决办法是________________________________。

3. 练习对接焊。

（1）焊接缺陷：________________________________。

（2）解决办法：________________________________。

4. 练习搭接焊。

（1）焊接缺陷：________________________________。

（2）解决办法：________________________________。

5. 练习塞焊。

（1）焊接缺陷：________________________________。

（2）解决办法：________________________________。

6. 本次实训存在的疑问有哪些？最大的难点是什么？有何改进建议？

教师评语：	本次实训成绩
年　月　日	

实训考核记录单

课程：汽车钣金实训教程

时间：50min　　班级：__________学号：__________姓名：__________

考核项目：车身气体保护焊					
序号	考核内容	配分	考核记录	扣分	得分
1	安全与卫生习惯	10			
2	准备工作	10			
3	操作流程	60	1. 学生记录： 2. 教师记录：		
4	学生实训记录单	20			
5	完成时限				
	得分合计				

考核教师：______________　________年________月________日

实训十

车身点焊和钎焊

实训计划

实训能力目标	实训内容及时间安排（分钟）		建议学时
1. 掌握点焊机的组装和点焊参数调整的方法。 2. 能够使用点焊机进行板件焊接操作。 3. 能够正确检验点焊质量。 4. 掌握钎焊工艺。 5. 培养学生独立分析、解决问题的能力。	正确组装点焊机	20	4 学时 （200 分钟） 根据学生的掌握情况，可适当调整学时
	正确调整点焊参数	30	
	正确进行板件点焊操作	30	
	对点焊质量进行检查	20	
	使用钎焊法进行焊接	30	
	学生完成记录单	10	
	考核	50	
	教师总结及信息反馈	10	

实训过程

一、实训准备阶段

教师的准备工作

教师在实训前的准备：

（1）设备：点焊机、氧气乙炔焊接设备、焊接平台。

（2）材料：1mm 厚钢板、手工成形用过的板件、防锈涂料、钎焊丝、钎焊剂。

（3）工具：大力钳、焊接钳、台虎钳、钢板尺、游标卡尺、钢板剪刀、凿子、砂纸、其他常用工具。

学生的准备工作

学生在实训前的准备：

（1）了解本次实训课所要掌握的操作技能。

（2）个人防护用品：安全鞋、工作服、工作帽、线手套、焊接手套、焊接面罩、耳塞、护脚、护膝。

（3）准备好学生实训记录单。

思考如下问题：

（1）电焊机由哪几部分组成？

（2）点焊参数如何调整？

（3）点焊焊点的数量、间距如何调整？

(4) 如何进行点焊质量的检验？检验标准是什么？

(5) 钎焊的操作过程是什么？有哪些注意事项？

实训阶段

一、劳动安全

实训要求学生穿戴：工作服、工作鞋、工作帽、手套、防护眼镜。

二、电阻点焊

1. 焊机的组装

电阻点焊机如图 10—1 所示。在进行操作前，需要对电阻点焊机进行检查和调整。

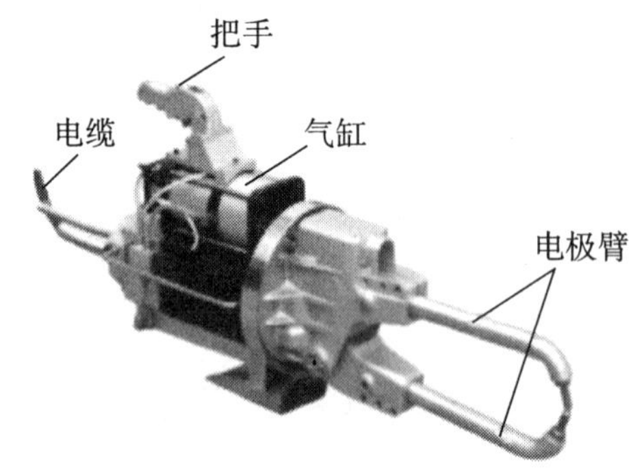

图 10—1　电阻点焊机

(1) 选择电极臂。

1) 根据需要焊接的车身部位来选择电极臂，如图 10—2 所示。

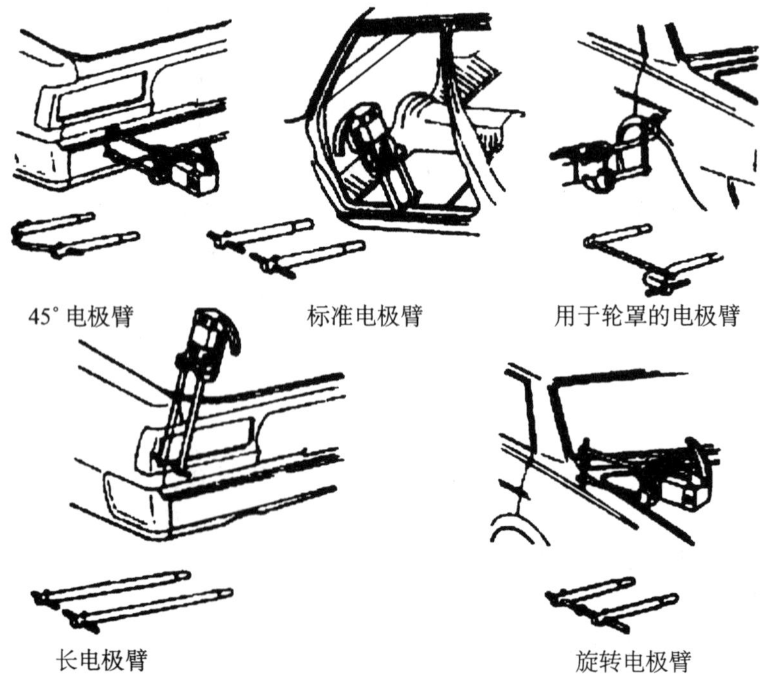

图 10—2　根据不同部位选择不同电极臂

2）电极臂选择的另一原则是多个电极臂都可以焊接某一个部位时，尽量选择最短的电极臂。

（2）调整电极臂。

将焊枪电极臂和电极头完全上紧，使它们在工作过程中不能松开，如图 10—3 所示。

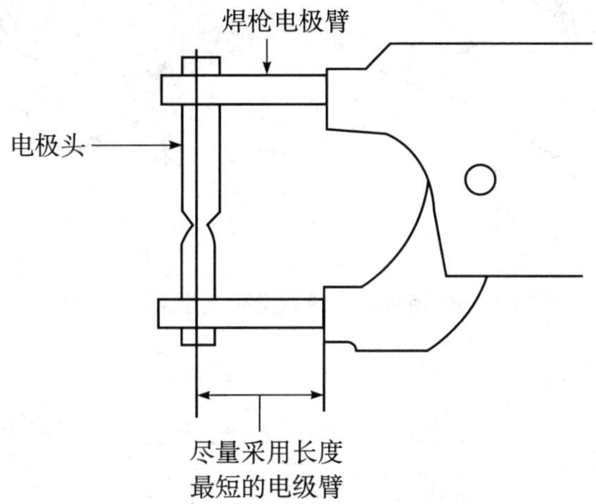

图 10—3　调节焊枪电极臂

（3）选择电极头直径。

1）按板件厚度确定电极头直径。确定方法为 $D=2T+3\text{mm}$，D 为电极头直径、T 为板件厚度，如图 10—4 所示。

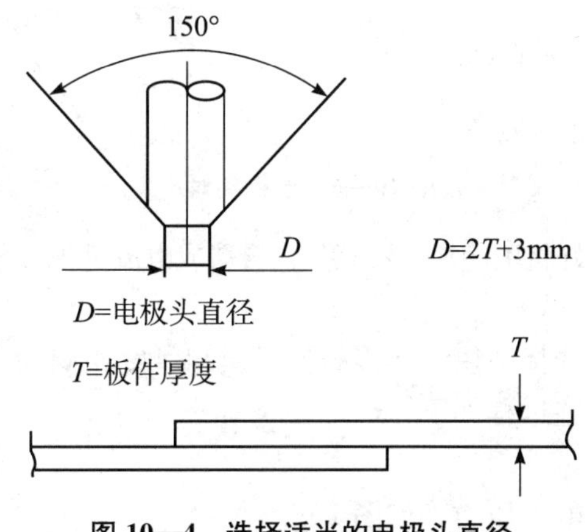

图 10—4　选择适当的电极头直径

2）如果电极头端部损坏，要用电极头端部清理工具进行整形，如图 10—5 所示。

⚠ 注意：

在使用没有强制冷却（循环水冷却）的电极头进行操作时，可在焊接 5～6 次后，让电极头端部冷却后再进行焊接。

（4）电极头对准。

1）将上、下两个电极头对准在同一条轴线上，如图 10—6 所示。

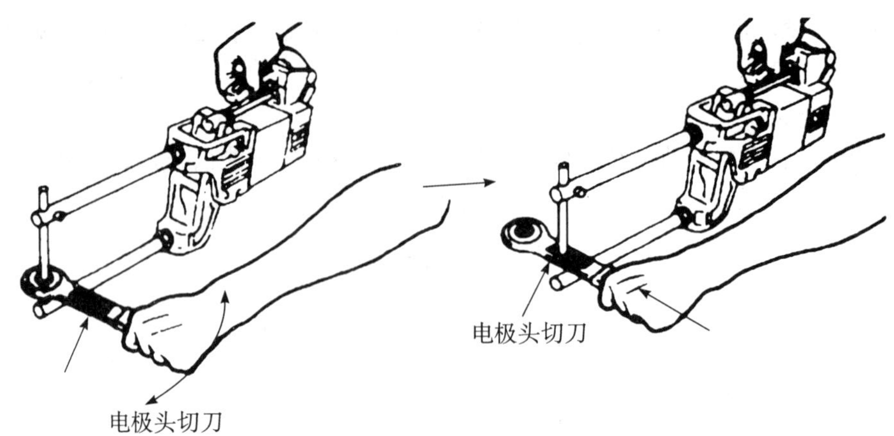

图 10—5　用专用工具对电极头端部进行整形

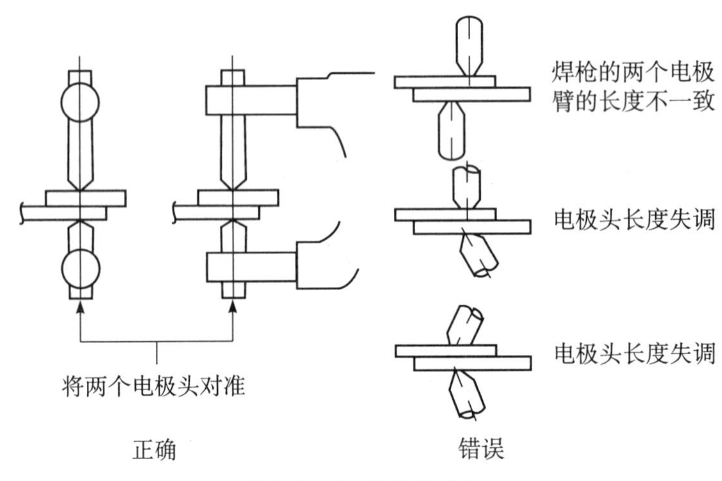

图 10—6　电极头对准

2）电极头对准状况不好将引起加压不充分，会造成电流过小，导致焊接部位的强度降低。

2. 焊接参数的调整

点焊机组装完成后，选择两块与焊接板件材质和厚度相同的练习板，进行试焊，调节焊接参数。焊接参数的调整过程如下：

（1）调整电极压力。

根据试焊情况来调整电极压力，如图 10—7 所示。

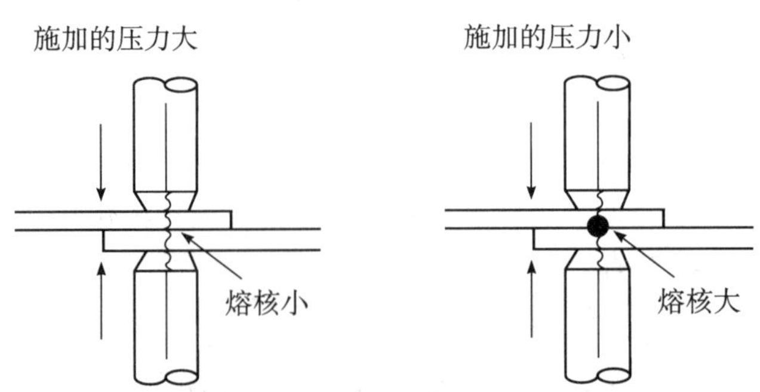

图 10—7　焊接压力对焊点的影响

1）如果产生焊接飞溅物，焊接接头强度低，说明电极压力太小，应适当调大电极压力。

2）如果焊点过小，焊接部位的机械强度低，说明电极压力太大，应适当调小电极压力。

（2）调整焊接电流。

一般通过焊点部位的颜色变化就可以判断电流的大小：

1）焊接电流正常时，焊点中间电极头接触部分（焊极触点）的颜色不会发生变化，与未焊接之前的颜色相同，如图 10—8（a）所示。

2）焊接电流大时焊点中间电极头接触部分的颜色变深呈蓝色，如图 10—8（b）所示。

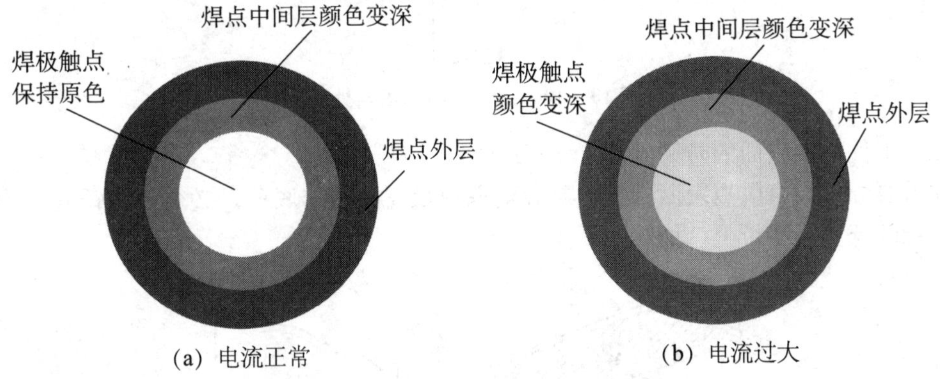

图 10—8 焊接电流对焊点颜色的影响

3）在实际操作中，正常焊完第一个焊点后，要把第二个焊点的电流调大一些，才能得到两个焊接强度一致的焊点，如图 10—9 所示。

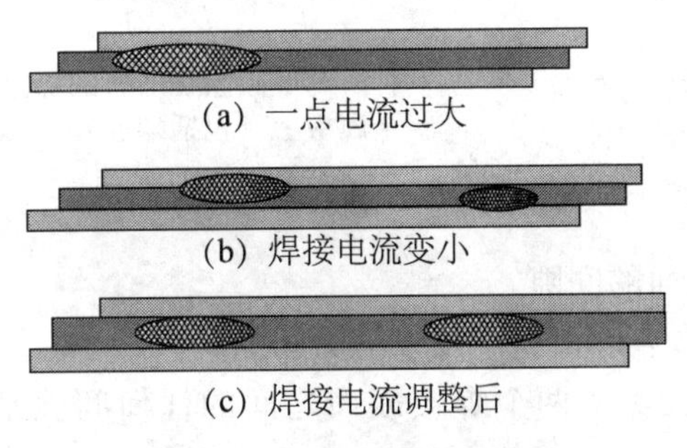

图 10—9 焊接电流的调整

（3）调整加压时间。

加压时间一般不少于焊机说明书上的规定值。

⚠ 注意：

对车身上的防锈钢板进行焊接时，应将焊接普通钢板的电流强度提高 10%～20%，以弥补电流强度的损失。一定要将防锈钢材和普通钢材区别开。

3. 点焊操作

（1）清洁工件焊接表面。

用砂纸从焊接的表面上清除掉油漆层、锈斑、灰尘等污染物，因为它们会减小电流强度而使焊接质量降低，如图 10—10 所示。

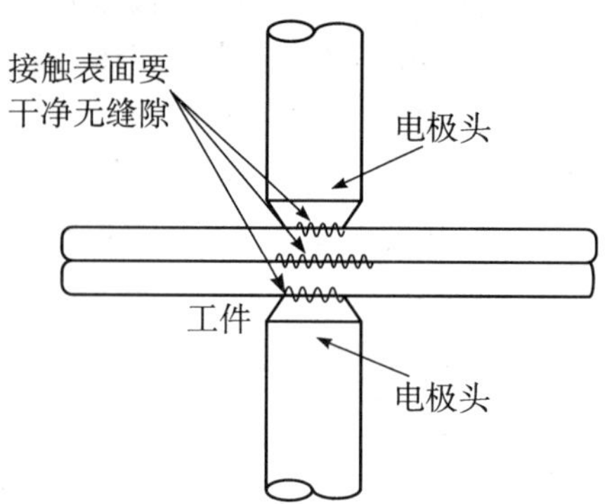

图 10—10 工件表面的清洁处理

(2) 工件焊接表面的防锈处理。

在需要焊接的金属板表面上涂一层导电系数较高的防锈底漆。必须将防锈底漆均匀地涂在所有的裸露金属板上，如图 10—11 所示。

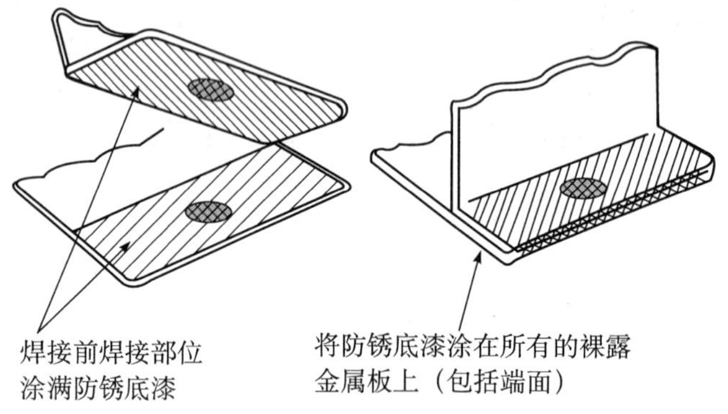

图 10—11 工件表面的防锈处理

(3) 调整工件焊接表面的间隙。

1) 焊接前要将两个金属表面整平，以消除间隙。

2) 用大力钳将两者夹紧。两个焊接表面之间的任何间隙都会影响电流的通过，如图 10—12所示。

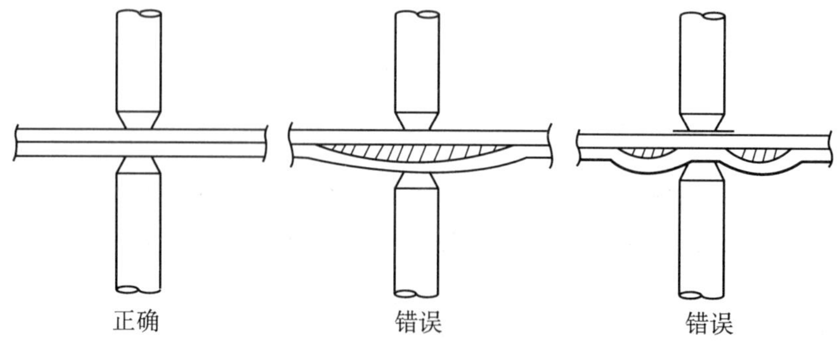

图 10—12 焊接表面的间隙

（4）确定焊点数量。

和制造厂的点焊相比，修理中进行点焊时，应将焊点数量增加 30%，如图 10—13 所示。因为修理用的点焊机功率一般小于制造厂的点焊机功率。

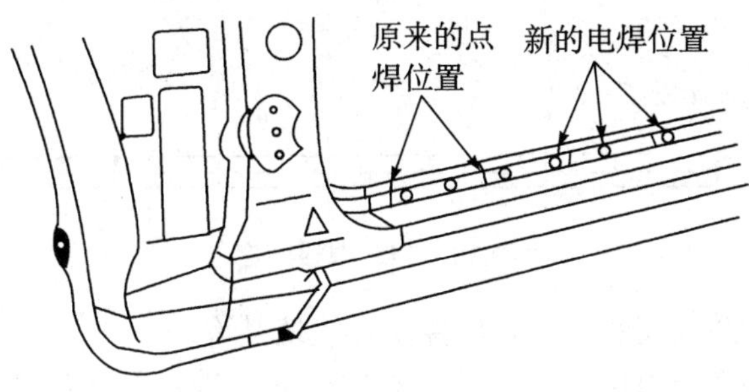

图 10—13　焊点数量

（5）确定最小焊接间距。

点焊时的焊接间距一般可按照表 10—1 来选取。两层金属板之间的结合力随着焊接间距的缩小而增大。但过度缩小间距，结合力将不会增大，反而会使焊接强度下降。

表 10—1　焊接间距

板材厚度（mm）	焊点间距 S（mm）	边缘距离 P（mm）
0.4	≥11	≥5
0.8	≥14	≥5
1.0	≥17	≥6
1.2	≥22	≥7
1.6	≥30	≥8

（6）确立焊点到金属板的边缘和端部的距离。

在靠近金属板端部的地方进行焊接时，焊点到金属板端部的距离应符合表 10—2 的规定值。如果距离过小，将会降低焊接强度并引起金属板变形。

表 10—2　焊点到金属板的边缘和端部的最小距离

板材厚度（mm）	最小距离（mm）
0.4	≥11
0.8	≥11
1.0	≥12
1.2	≥24
1.6	≥16
2.0	≥16

（7）确定点焊的顺序。

1）不要只沿着一个方向连续地进行焊接操作，应按图 10—14 所示的正确顺序进行焊接。

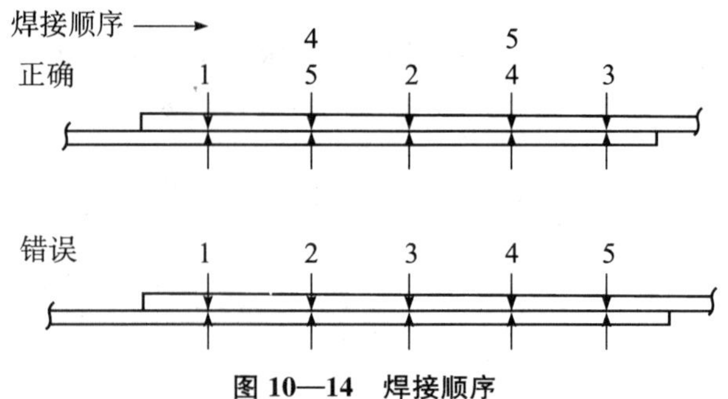

图 10—14　焊接顺序

2）当电极头发热并改变颜色时，应停止焊接使其冷却。

3）不要对角落的半径部位进行焊接，对这个部位进行焊接将产生应力集中，易导致开裂，如图 10—15 所示。车身上需要注意的部位有：前支柱和中心支柱的顶部角落，后顶侧板的前上方角落，前、后车窗角落。

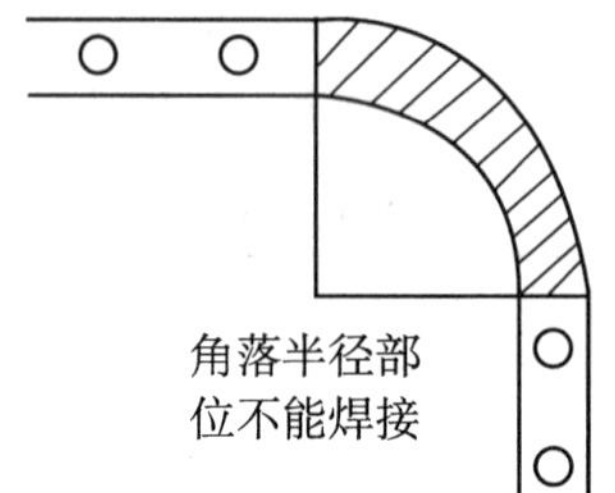

图 10—15　角落处的正确焊接方法

（8）点焊操作的注意事项。

进行点焊操作时，要注意以下几点：

1）尽量采用双面点焊的方法。对于无法进行双面点焊的部位，可采用气体保护焊中的塞焊法来焊接，而不能用单面点焊来焊接结构性板件。

2）电极和金属板之间的夹角应呈 90°，如图 10—16 所示。如果这个角度不正确，电流强度便会减小，会降低焊接接头的强度。

3）当三层或更多层的金属板重叠在一起时，应进行两次点焊或加大焊接电流，如图 10—17 所示。

4. 点焊焊接质量的检验

（1）外观检验。

除用肉眼看和手摸来检验焊接处的表面粗糙度外，还要检验下列项目：

1）焊接位置。焊点的位置应在板件边缘的中心，不可超过边缘，还要避免在原有的焊接过的焊点位置进行焊接。

2）焊点的数量。焊点的数量应为汽车制造厂焊点数量的 1.3 倍。例如，原来在制造厂的点焊焊点数量为 4，那么修理焊点的数量需要 5 个。

3）焊点间距。修理时的焊接间距应略小于汽车制造厂的焊接间距，焊点应均匀分布。间距的最小值，以不产生分流电流为原则。

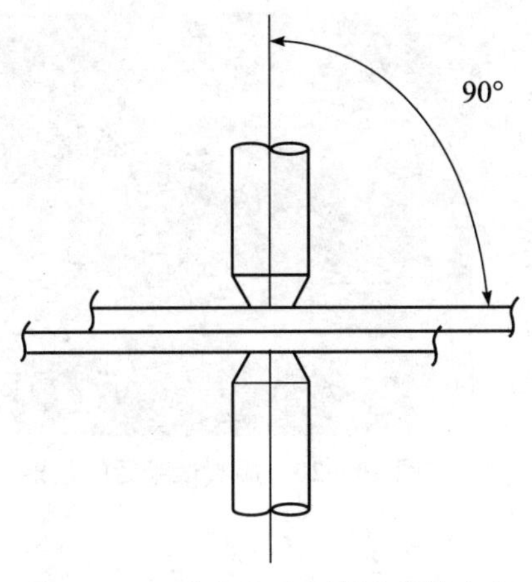

图 10—16　电极和金属板之间的夹角

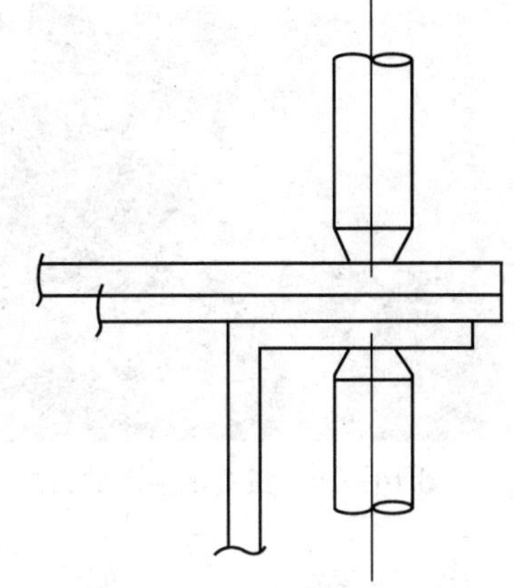

图 10—17　多层金属板的点焊

4）压痕（电极头压痕）。焊接表面的压痕深度不能超过金属板厚度的一半，电极头不能产生电极头焊孔。

5）气孔。不能有肉眼可以看见的气孔。

6）溅出物。用手套在焊接表面擦过时，不应被绊住。

（2）破坏性试验。

取一块和需要焊接的金属板同样材料、同样厚度的试验工件，进行点焊焊接，然后将焊点处分开，根据焊接处是否整齐地断开，可以判断出焊接质量的好坏，如图 10—18 所示。这种试验有两种：

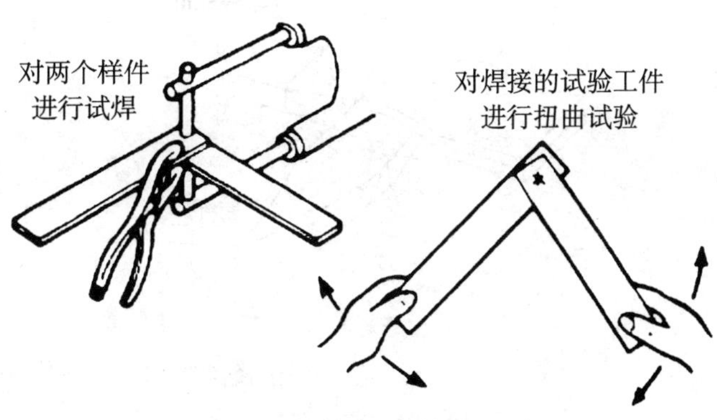

图 10—18　破坏性试验

1）扭曲试验。扭曲试验后在其中一片焊片上留有一个与焊点直径相同的孔，如图 10—19所示。如果孔过小或根本就没有孔，说明焊点的焊接强度低，需要重新调整焊接参数。

2）撕裂试验。撕裂后在其中一个焊片上留有一个大于焊点直径的孔，如图 10—20所示。如果留下的孔过小或根本没有孔，说明焊点的焊接电流低，需要重新调整焊接参数。

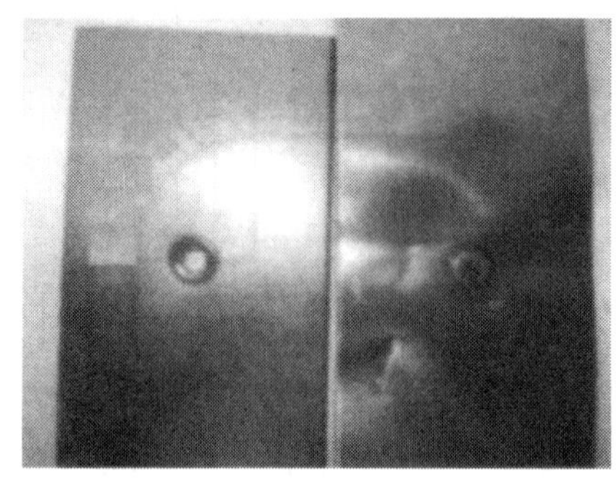
图 10—19　扭曲试验后的效果

图 10—20　撕裂试验后的效果

⚠ **注意：**

实际进行修理焊接时不能用破坏性检验方法来检验，检验的结果只能作为调整焊接参数的参考依据。

（3）非破坏性检验。

在一次点焊完成后，可用錾子和锤子按下述方法检验焊接的质量：

1）将錾子插入焊接的两层金属板之间并轻敲錾子的端部，直到在两层金属板之间形成 2～3mm 的间隙（当金属板的厚度大约为 1mm 时）。如果这时焊点部位仍保持正常没有分开，则说明所进行的焊接是成功的，如图 10—21 所示。

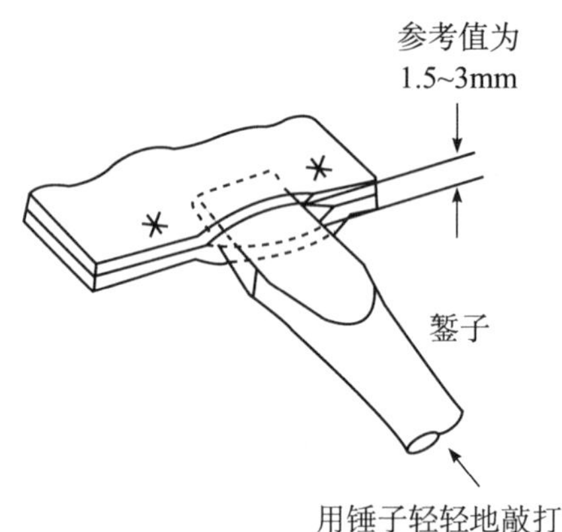

图 10—21　非破坏性试验

2）如果两层金属板的厚度不同，操作时两层金属板之间的间隙应限制在 1.5～2mm 范围内。如果进一步凿开金属板，将会变成破坏性试验。

3）检验完毕后，一定要将金属板上的变形处修好。

三、车身钎焊

在钎焊过程中只熔化有色金属（铜、锌等），而不熔化金属板件（有色金属的熔点低于金属板），这样将两个物体黏结在一起，如图 10—22 所示。

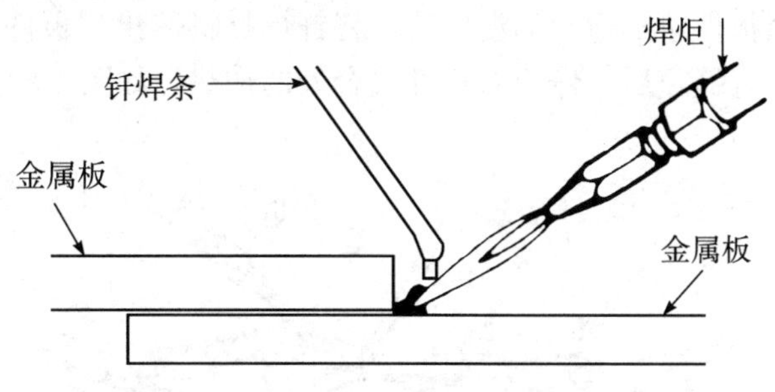

图 10—22　钎焊的原理

⚠ **注意：**

钎焊焊接处的强度与钎焊料的强度相等，小于板件的强度。因此，只能对制造厂已经进行过钎焊的部位进行钎焊，其他地方不可使用钎焊焊接。

1. 选择钎焊材料

为了提高钎焊材料的焊接性能，钎焊材料都是由两种或两种以上的合金构成的，如表10—3 所示。车身修理所用的钎焊条的主要成分为铜和锌。

表 10—3　　钎焊材料

钎焊材料的分类	主要成分
黄铜钎料	铜、锌
银钎料	银、铜
磷铜钎料	铜、磷
铝钎料	铝、硅
镍钎料	镍、铬

2. 钎焊操作的一般过程

(1) 清洁工件表面。钎焊操作前要用钢丝刷对表面进行清洁。如果板件的表面上粘有氧化物、油、油漆或灰尘，钎焊材料就不能顺利地流到金属表面上。

(2) 施加焊剂。板件被彻底清洁后，在焊接表面均匀地加上焊剂（如果使用带焊剂的钎焊条，就不需要进行该操作）。

(3) 加热板件。调节焊炬气体的火焰，使它稍微呈现出碳化焰的状态。将板件的接合处均匀地加热到能够接受钎焊材料的温度，如图 10—23 所示。根据焊剂熔化的状态，推断出钎焊材料熔化的适当温度。

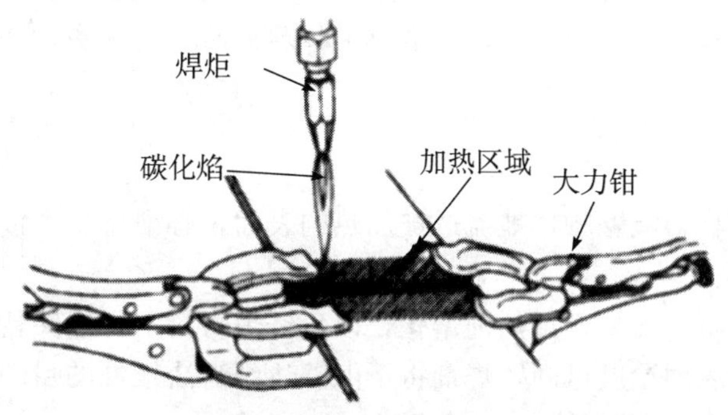

图 10—23　焊接工件的加热

（4）填焊料。当板件达到适当的温度时，将钎焊材料熔化到板件上，并让其流动，钎焊材料流入板件的所有缝隙后，停止对板件接合处的加热，如图 10—24 所示。

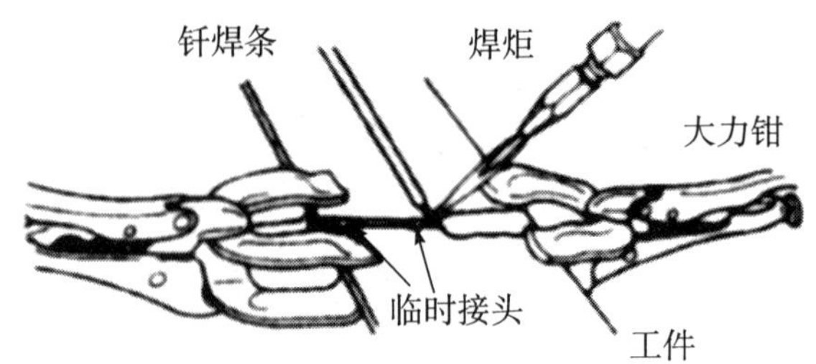

图 10—24　钎焊料的涂敷

3. 软钎焊的操作过程

软钎焊的过程如下：

（1）在对一个接头进行软钎焊之前，应先将接合处及其周围的油漆、锈斑、油和其他外来杂质清除掉。

（2）对需要软钎焊的表面进行加热，加热后用一块布擦净。

（3）充分摇晃焊膏，然后用刷子将它涂在金属的表面上，所涂的面积应比需要钎焊的面积宽 12～25mm。

（4）保持一定的距离进行加热。

（5）按照从中心到边缘的顺序，擦掉焊膏。

（6）钎焊部位会呈现出银灰色，如果为浅蓝色，表明加热温度过高。

（7）均匀地移动焊炬，使火焰均匀地加热整个需要钎焊的部位（不能只在某一点加热）。当钎料开始熔化时，移开火焰并用刮刀进行修整。

（8）如果焊接的部位未被焊上，应涂上焊膏重新钎焊。

⚠ 注意：

进行软钎焊时，应记住以下几点：

（1）最好使用专用焊炬进行软钎焊。

（2）钎料所含的锌不少于 13%。

（3）保持适当的温度。

（4）当需要另涂钎料时，必须对原先涂上的钎料重新进行加热。

（5）钎焊部位充分冷却以后，用水冲洗掉剩余的焊剂残渣，并用硬的钢丝刷擦净金属表面。

4. 钎焊操作的注意事项

（1）为了使钎焊材料能够顺畅地流过被加热的表面，必须将整个接合区加热到同样的温度。

（2）不能让钎焊材料在板件加热前熔化，以免钎焊材料不与板件黏结。

（3）如果板件的表面温度过高，焊剂将不能够达到清洁板件的目的，这将使钎焊的黏结力减小，接头的接合强度降低。

（4）钎焊的温度必须比钎焊材料的熔点高出 30～60℃。

（5）焊炬喷嘴的尺寸应略大于金属板的厚度。

（6）给金属板预热，可使硬钎焊得到更好的熔敷效率。

（7）钎焊前要用大力钳固定好金属板，防止板件的移动和钎焊部位的开裂。

（8）要均匀地加热焊接部位，防止板件熔化。

（9）需要调整温度时，移开火焰，使钎焊部位短暂地冷却。

（10）应尽量缩短钎焊的时间，以免降低钎焊的强度。

（11）避免同一个部位再次钎焊。

检验实训能力阶段

由实训教师给学生提供 3 块长 20cm、宽 5cm、厚 1mm 的钢板，要求学生将 3 块钢板分别用点焊和钎焊方法，逐一连接起来。检查学生能否在规定的时间内完成教师设定的任务。

学生实训记录单

班　级		姓　名	
学　号		日　期	
实训内容	车身点焊和钎焊		

1. 点焊机的组装：

（1）焊接的组装：____________________。

（2）电源及控制系统的安装：____________________。

（3）电极冷却系统的连接：____________________。

2. 焊接参数的调整：

（1）预设焊接参数：焊接电流____________，电极压力____________，焊接时间____________，保持时间____________。

（2）在报废的板件上进行试焊来进一步调整焊接参数，选择板件的厚度要与焊接的板件一致。最后调整的焊接电流为____________，电极压力为____________，焊接时间为____________，保持时间为____________。

（3）存在的问题有：____________________。

解决办法是：____________________。

3. 练习点焊搭接。

（1）焊接缺陷有：____________________。

（2）解决办法：____________________。

4. 练习钎焊。

（1）焊接缺陷有：____________________。

（2）解决办法：____________________。

5. 本次实训存在的疑问有哪些？最大的难点是什么？有何改进建议？

教师评语： 年　月　日	本次实训成绩

实训考核记录单

课程：汽车钣金实训教程

时间：50min 班级：__________学号：__________姓名：__________

考核项目：车身点焊和钎焊					
序号	考核内容	配分	考核记录	扣分	得分
1	安全与卫生习惯	10			
2	准备工作	10			
3	操作流程	60	1. 学生记录： 2. 教师记录：		
4	学生实训记录单	20			
5	完成时限				
	得分合计				

考核教师：________________ ________年________月________日

实训十一

车身结构件损伤的修复

实训计划

<table>
<tr><th>实训能力目标</th><th colspan="2">实训内容及时间安排（分钟）</th><th>建议学时</th></tr>
<tr><td rowspan="6">1. 掌握车身校正平台和拉伸系统的使用方法。
2. 明确车身拉伸操作的安全注意事项。
3. 掌握车身拉伸的测量方法。
4. 掌握车身结构件损伤的维修工艺。
5. 培养学生独立分析、解决问题的能力。</td><td>正确使用车身校正平台和拉伸系统</td><td>30</td><td rowspan="6">6 学时
（300 分钟）
可根据学生的掌握情况，调整课时</td></tr>
<tr><td>能够在车身拉伸中进行测量</td><td>50</td></tr>
<tr><td>更换车身结构件</td><td>100</td></tr>
<tr><td>学生完成记录单</td><td>10</td></tr>
<tr><td>考核</td><td>100</td></tr>
<tr><td>教师总结及信息反馈</td><td>10</td></tr>
</table>

实训过程

一、实训准备阶段

教师的准备工作

教师在实训前的准备：

（1）设备：车身校正仪、拉伸工具、车身测量系统、空气压缩机、轿车车身壳体、等离子切割机、二氧化碳保护焊焊接设备、台虎钳、钣金平台。

（2）材料：与车身壳体规格相同的水箱框架或前纵梁、2mm 厚钢片（焊接到车身上辅助拉伸）、防锈底漆。

（3）工具：大力钳、焊接钳、钢板尺、钣金锤、垫铁、手电钻、钻头、砂纸、角磨机、点焊转除钻、其他常用工具。

学生的准备工作

学生在实训前的准备：

（1）了解本次实训课所要掌握的操作技能。

（2）个人防护用品：安全鞋、工作服、工作帽、护目镜、线手套、焊接手套、焊接面罩、耳塞、护脚、护膝。

（3）准备好学生实训记录单。

思考如下问题：

（1）在拉伸结构件时，需要注意的安全操作事项有哪些？

（2）如何使用底框式车身拉伸系统和 L 型车身校正仪进行车身拉伸操作？

（3）使用车身钣金工具进行拉伸时，如何确定拉力的方向？

（4）更换车身结构件时，如何确定切割的位置？哪些位置不能切割？

（5）更换前纵梁时，如何快速分离点焊焊点？

（6）如果前纵梁需要更换，前立柱需要拉伸，先进行哪一项操作？

（7）车身板件进行暂时安装的目的是什么？

实训阶段

一、劳动安全

实训要求学生穿戴：工作服、工作鞋、工作帽、耳塞、手套和防护眼镜，焊接时戴焊接面罩等。

二、车身结构件变形的拉伸

1. 拉伸操作中的安全事项

使用车身校正仪时，不正确的操作可能对人员、车身和车身校正仪等都造成损伤，因此要注意以下安全规则：

（1）根据所用设备的说明书，正确地使用车身校正仪。

（2）严禁非熟练人员或未经过正式训练的人员操作车身校正仪。

（3）车辆固定时要确保主夹具夹钳齿咬合得非常紧固，车辆被牢靠地固定在平台上。

（4）拉伸前汽车要装夹牢固，检查主夹具固定螺栓和钳口螺栓是否紧固牢靠。

（5）一定要用推荐型号和级别的拉伸链条和钣金工具进行操作。

（6）拉伸时钣金工具要在车身上固定牢靠，链条必须稳固地与汽车和平台连接，以防在牵拉过程中脱落。避免将链条缠在尖锐器物上。

（7）向一边拉伸力量大时，一定要在相反一侧使用辅助固定，以防将汽车拉离校正台，如图 11—1 所示。

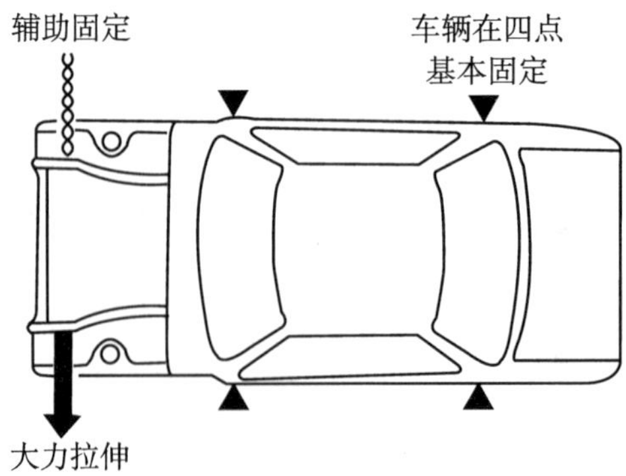

图 11—1　辅助固定

注意：

如果汽车前端只有一个辅助固定，那么会在拉伸过程中对车身产生一个偏转力矩，使车身扭转，如图 11—2（a）所示。而汽车前端使用两个辅助固定后，拉伸过程中就不会对车身产生偏转力矩了，如图 11—2（b）所示。

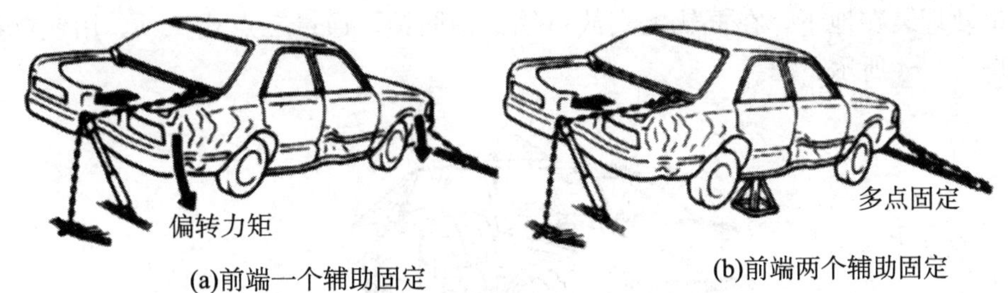

图 11—2　辅助固定防止拉伸中汽车偏转

（8）操作人员在汽车上面和汽车下面工作时，不要用千斤顶支撑汽车。

（9）严禁操作人员与链条或牵拉夹钳在一条直线上。因为当链条断裂、夹钳滑落、钢板撕断时，在拉伸方向可能会造成直接的伤害。

（10）用厚防护毯包住链条或用钢丝绳把链条、钣金工具固定在车身的牢固部件上，万一链条断裂，可防止工具、链条甩出对人员和其他物品产生损伤，如图 11—3 所示。

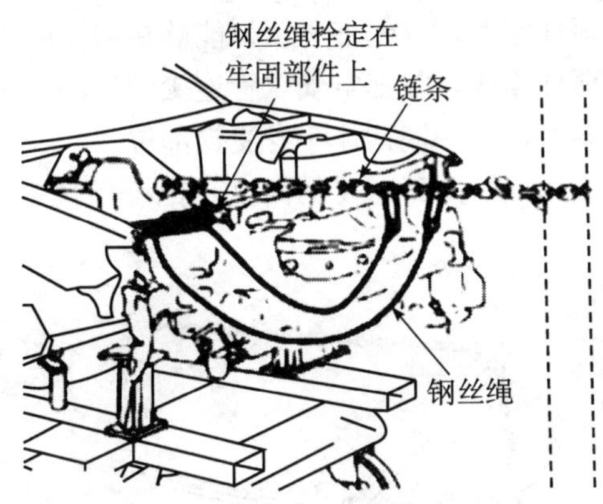

图 11—3　拉伸时要使用安全防护绳

（11）在拉伸时要把塔柱与平台的固定螺栓紧固牢靠，否则拉伸中塔柱滚轮移动装置会受力损坏，可能导致塔柱突然脱离平台造成人员和物品的损伤。

（12）使用塔柱链条进行拉伸时，链条在顶杆的锁紧窝锁紧，链条不能有扭曲，所有链节都应呈一条直线。导向环的固定手轮是在拉伸前固定导向环高度的，当拉伸开始后要松开手轮，一旦链条断裂，导向环会因自重向下滑，可防止链条向左右甩出。

2. 拉伸操作中的车身防护

在进行牵拉校正之前，应对车身和一些部件进行保护，其事项如下：

（1）拆卸或盖住内部部件，如座位、仪表、车垫等。

（2）焊接时用隔热材料盖住玻璃、座位、仪表和车垫，特别在进行惰性气体保护焊接时，这种保护更为必要。

（3）拆除车身外面的部件时，用棉布或保护带保护车身以防擦伤。

（4）如果油漆表面擦破，这部分必须修复好，因为油漆表面的极小瑕疵都可能造成锈蚀。

3. 使用地框式校正系统拉伸

将框轨埋装在地下，在框轨上安放自锁式锚固锁，通过三点式拉具，用铁链拉伸车身，如图 11—4 所示。

图 11—4　用地框式校正系统校正车身

拉伸的操作过程如下：

（1）将液压顶杆装在顶杆座上，以便液压顶杆能够在需要的方向上施力。

（2）将液压泵与液压顶杆连接，并把空气软管连接到气动液压泵上。

（3）链条一端钩在支架上，另一端钩住车身受损部位。

（4）启动液压泵，使液压顶杆升到需要的高度，把链条拉紧并锁紧链条，如图 11—5 所示。

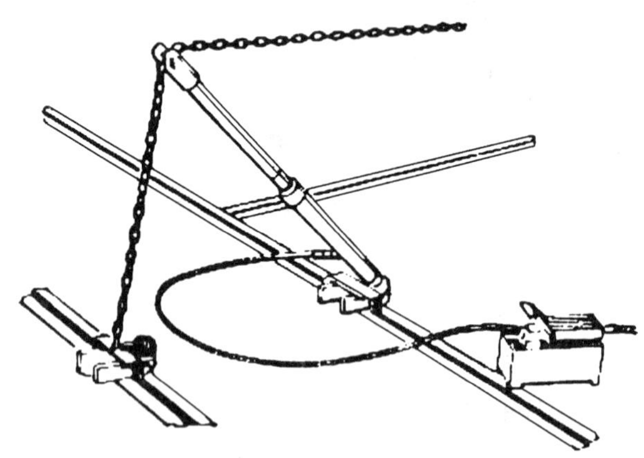

图 11—5　三点式拉具

（5）调整支架、液压顶杆及汽车上的拉伸点，必须与牵拉方向成一条直线。

（6）启动液压泵，使链条拉紧，进行拉伸校正。

4. 使用 L 型车身校正仪拉伸

L 型车身校正仪由校正系统主体、牵引小车（拉杆器）和校正架附件组成，如图 11—6所示。它的牵拉装置装配有液压系统，在可移动的立架和支柱之间用链和夹钳牵拉被损坏的车身部分。

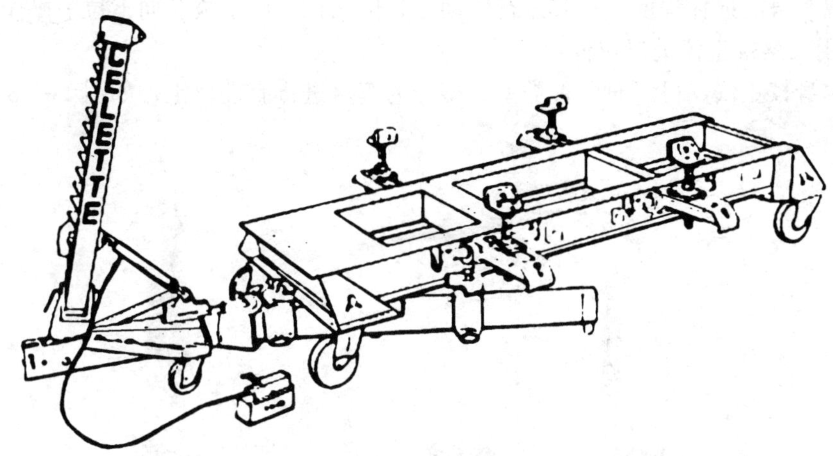

图 11—6　L 型车身校正仪

L 型车身校正仪可以进行拉、顶、压、拔操作，如图 11—7 所示。

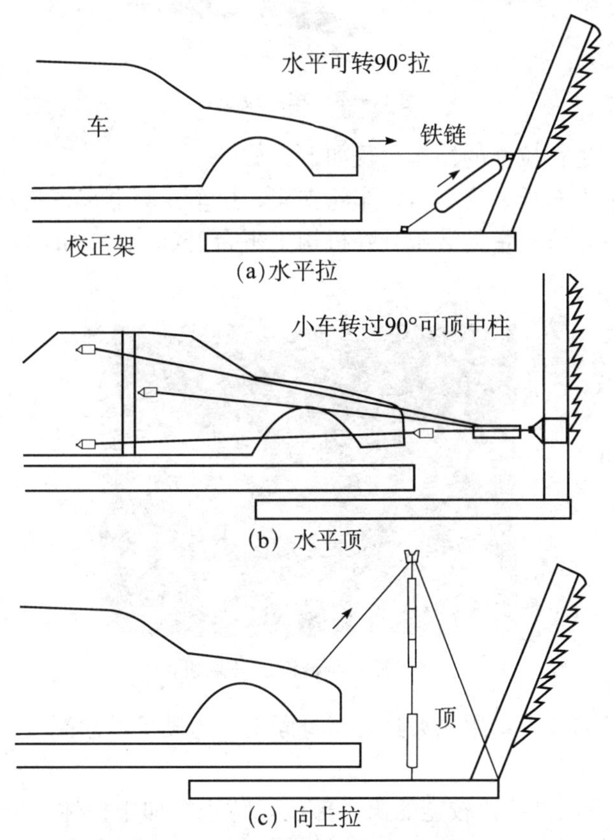

图 11—7　L 型车身校正仪的使用

使用方法如下：

(1) 当车身某部分被撞凹进去时，可先用工具夹紧，再用牵引小车把它拉出来。

（2）如果车身在某个方向凸出来，可以顶或压进去。

（3）视车身的损坏程度，对其进行正面拉、侧面拉、向上拔、向下拉等操作。

5. 使用大梁校正仪进行拉伸

使用车身校正仪，可以对各种类型、型号的车身进行有效校正，如图 11—8 所示。

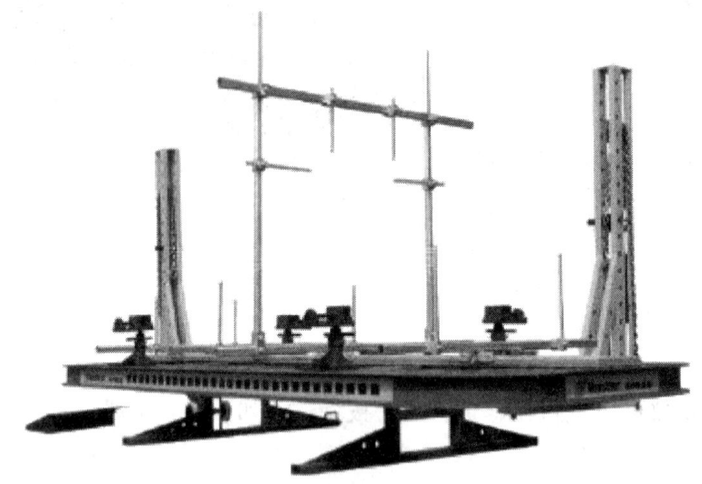

图 11—8　车身校正仪

使用车身校正仪进行拉伸的操作过程如下：

（1）将事故车用上车板、拖车器、车轮支架、拉车器等上车系统安放到平台上。

（2）通过车身校正仪自带的液压升降机构把平台升起到一定的工作高度，如图 11—9 所示。

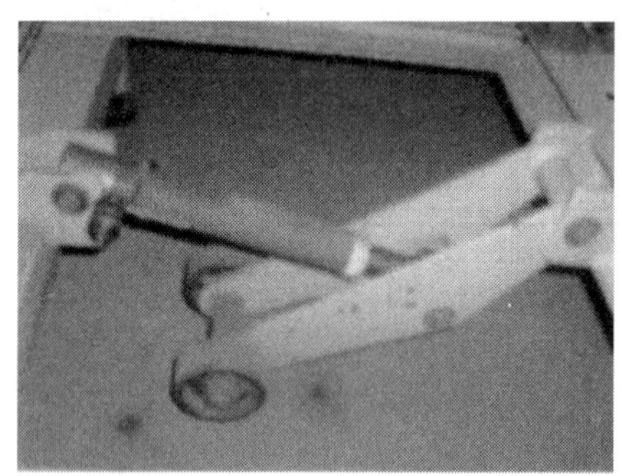

图 11—9　平台液压升降机构

（3）调整好车身的位置，用主夹具将车身固定。为满足不同型号车身的固定需要，主夹具有多种结构：

1）双夹头夹具可以夹持比较宽的裙边部位，防止拉伸中损坏夹持部位，如图 11—10 所示。

2）单夹头夹具的钳口很宽，能够夹持车架。

3）一些车辆设计有特殊的夹持部位，如奔驰或宝马车就需要专门的夹具来夹持。

（4）根据不同的车身位置和变形情况，选择合适的钣金拉伸工具。

图 11—10　双头夹具

为了更好地对整体式车身进行拉伸修复，针对不同车身部位的变形设计了多种钣金工具，可以对车身进行有效的拉伸修复，如图 11—11 所示。

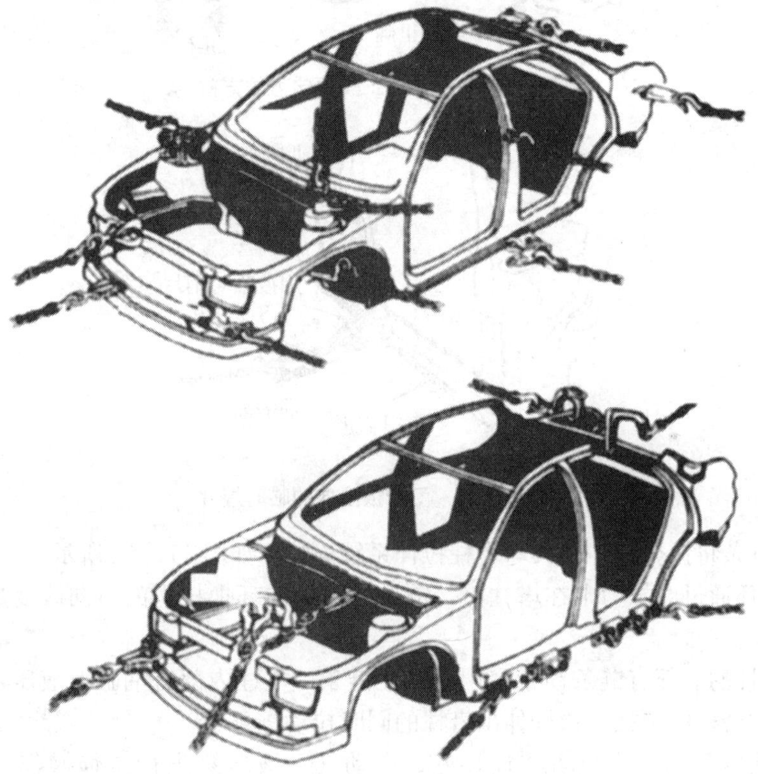

图 11—11　车身上使用的各种钣金工具

⚠ 注意：

◆ 在拉伸时必须使拉力的方向通过夹齿的中间，否则夹钳有可能受扭转的力而脱开，还会对钳口夹持的部位造成进一步的损伤。

◆ 如图 11—12 所示为一些钣金工具的正确的和错误的用法。

◆ 在进行牵拉校正的准备时，钣金工具不能正好夹持在变形区域时，可暂时在需要拉伸的部位焊一小块钢片，修复之后，再去掉钢片，如图 11—13 所示。

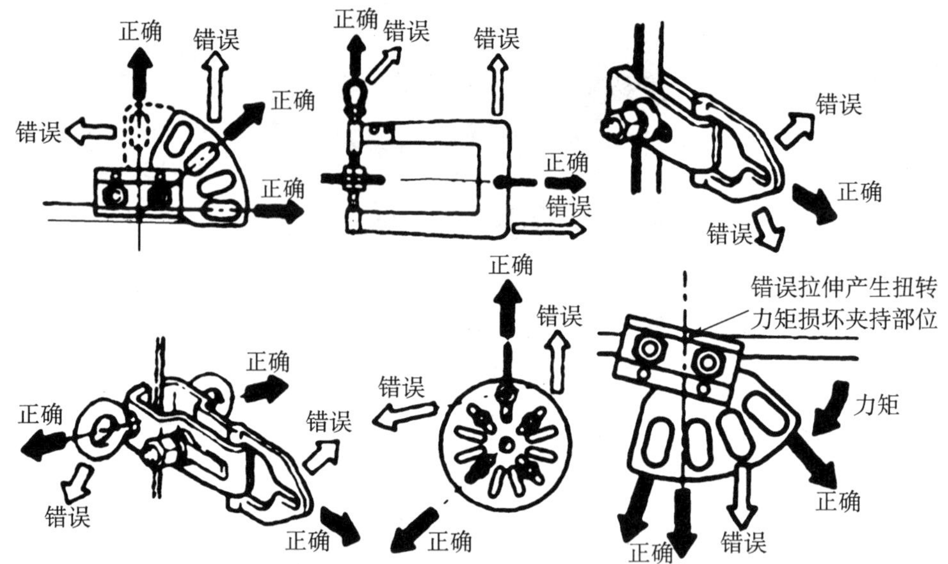

图 11—12　钣金工具拉伸力的方向

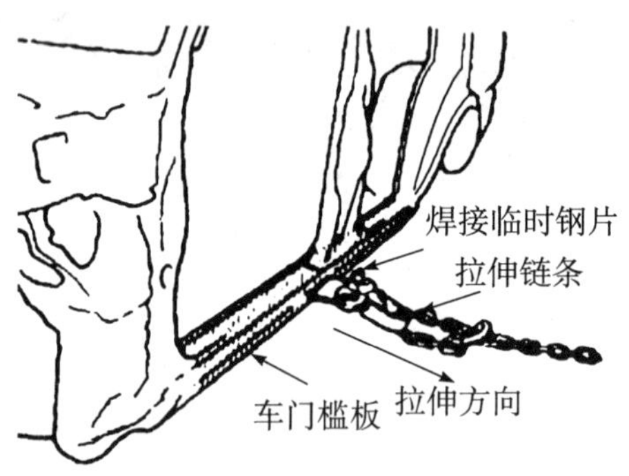

图 11—13　门槛板拉伸的临时焊片

(5) 用链条将钣金拉伸工具与塔柱拉伸系统连接，如图 11—14 所示。

1) 导向环通过摩擦力卡在塔柱上，链条通过导向环把拉力的方向改变成需要进行拉伸的方向。

2) 在顶杆的后部有链条锁紧窝用于锁住链条，塔柱内部有油缸，液压油推动油缸活塞，活塞推动塔柱的顶杆，顶杆伸出塔柱的同时拉动链条。

(6) 将液压系统油管与塔柱连接好，启动气动液压泵进行拉伸操作，如图 11—15 所示。

6. 拉伸中的测量

测量在拉伸中也是必不可少的，边拉伸边测量，随时监测拉伸的效果。防止拉伸过度，或者拉伸不到位。

三、车身前纵梁的更换

1. 拆除损伤的旧板件

(1) 确定切割位置。

在维修中需要对前纵梁进行切割时，一定要避开前纵梁防撞挤压区，要按照维修手册

图 11—14　塔柱拉伸系统

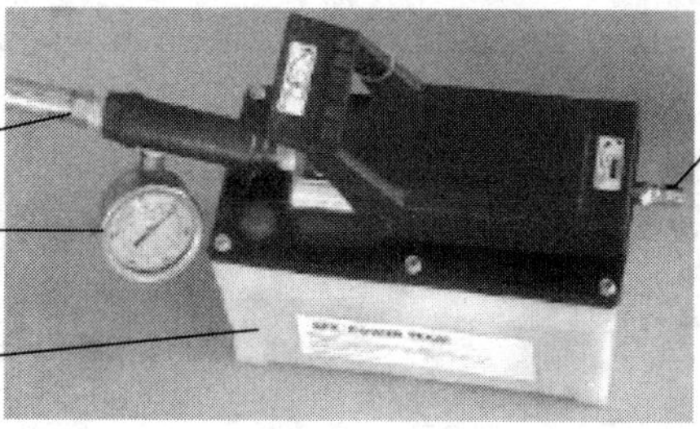

图 11—15　气动液压泵

中指定的位置进行切割，否则就会改变设计的安全性能，如图 11—16 所示。如果一根梁遭受到较大的损坏，这根梁通常将在防撞挤压区被压弯。因此，其位置通常是容易确定的。

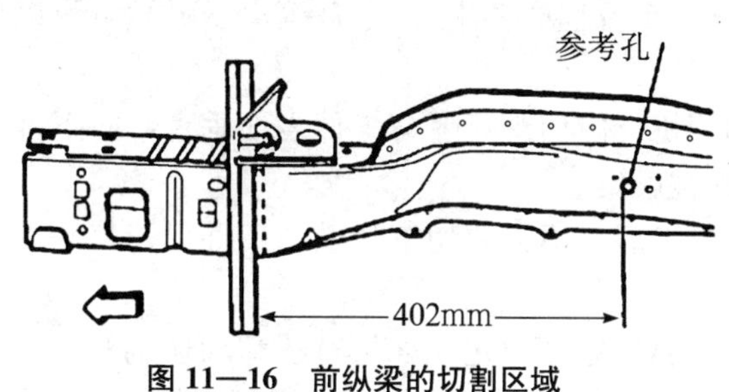

图 11—16　前纵梁的切割区域

⚠ **注意：**

◆ 有些制造厂不允许反复分割结构板件。

◆ 有些制造厂要求只有在遵循正确的工艺规程时才能进行分割。

◆ 所有制造厂家都强调：不要割断可能降低乘客安全性的吸能区，或者降低汽车性能的区域，或者影响关键尺寸的地方。车身侧面结构件的建议切割位置，如图 11—17 所示。

◆ 焊接以前的新板件不能草率地用垫片进行调整，结构性板件必须精确地定位后才能进行焊接操作。

（2）使用等离子切割机切割。

确定好切割位置后，用划针做好切割标记，使用等离子切割机进行损伤板件的切割，如图 11—18 所示。

1）将等离子切割机连接到一个清洁、干燥的压缩空气源上，切割机和压缩空气连接处的最大输送管压力为 0.3～0.5MPa。

2）将切割枪和搭铁的电线连接到切割机上。将切割机电源插头插到符合规定的电源上，

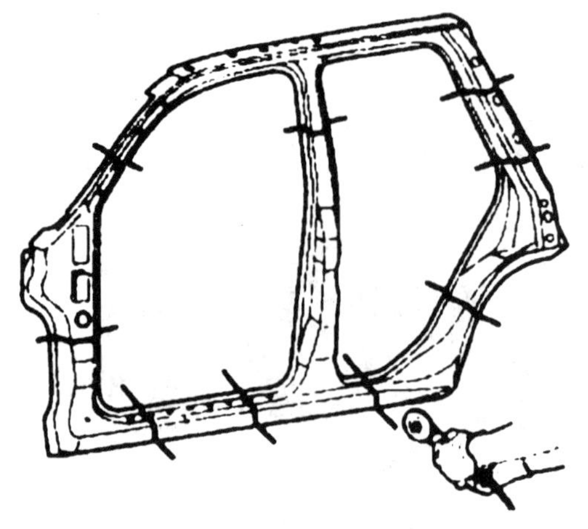

图 11—17　车身侧面结构件的切割位置

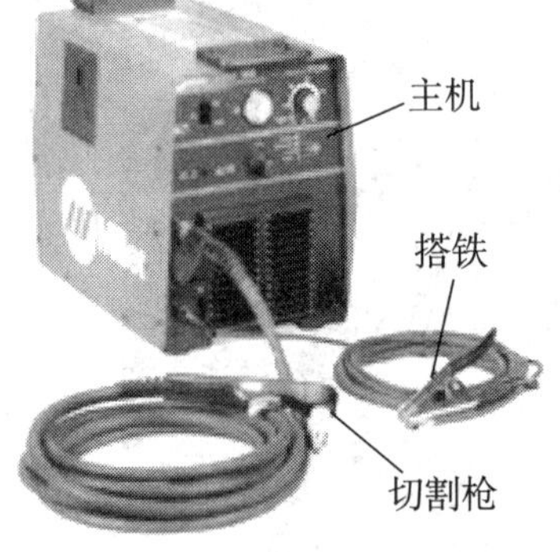

图 11—18　等离子切割机

然后将搭铁夹钳连接到汽车的一个清洁表面，连接处应尽量靠近切割部位。

3）在等离子弧被触发之前，应先将切割喷嘴与工件上的一个导电部分相接触（必须进行这项操作，以符合安全流程的要求）。一旦等离子弧被触发以后，切割机将很容易切入涂有油漆的表面。

4）拿起等离子切割枪，使切割喷嘴与工件表面垂直，向下推动切割枪，直到喷嘴与电极相接触，等离子弧被触发。

5）当等离子弧被触发后，不需要切割喷嘴与工件保持接触。不过，两者保持接触会使切割更容易进行。

6）切割的速度由金属的厚度决定。如果过快移动切割枪，将不能切透工件；如果过慢移动切割枪，将会有太多的热量传入工件，而且还可能熄灭等离子弧。

⚠ 注意：

切割枪的电极和喷嘴非常容易损坏，要及时更新，如图 11—19 和图 11—20 所示。

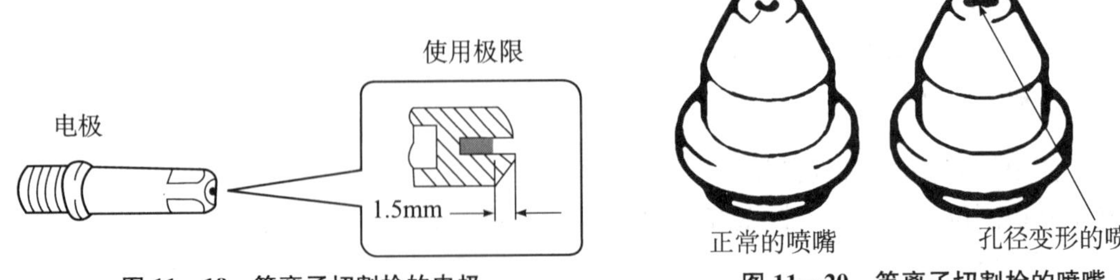

图 11—19　等离子切割枪的电极　　图 11—20　等离子切割枪的喷嘴

（3）分离点焊焊点。

有时前纵梁损坏严重需要整体更换，此时需要按照所属车型车身维修手册确认焊点位置和焊点数量，从此处将前纵梁整体更换。

1）确定焊点的位置。

①用粗钢丝砂轮、砂轮机或刷子来磨掉涂料，如图 11—21 所示。也可用氧乙炔焰烧焦底漆，并用钢丝刷将它刷掉。

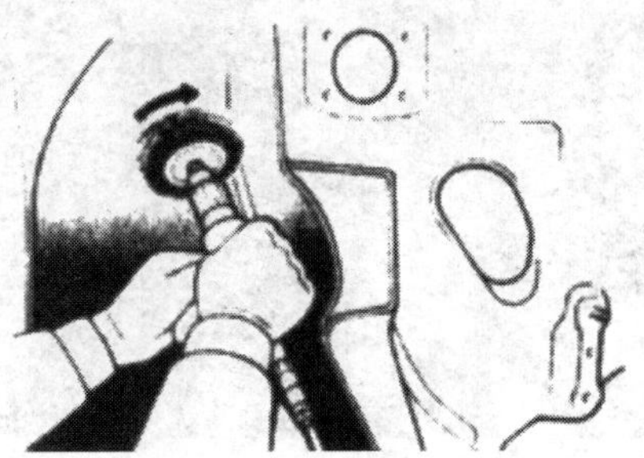

图 11—21　清除油漆确认焊点位置

②在清除油漆以后，焊点的位置仍不能看清的区域，在两块板件之间用錾子錾开。这样可使焊点轮廓线显现，如图 11—22 所示。

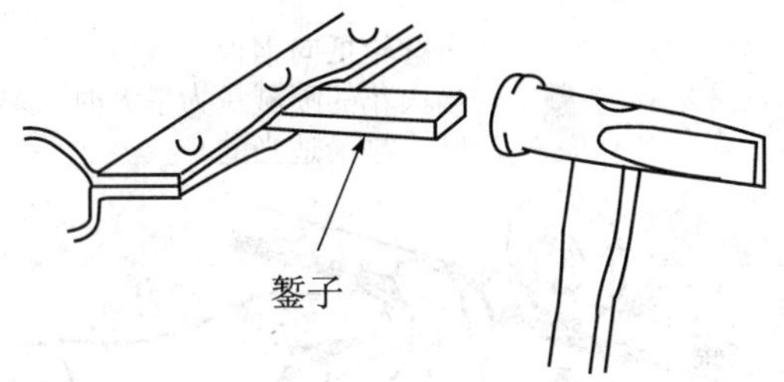

图 11—22　用錾子确定焊点位置

2）使用焊点转除钻，可以快速进行车身点焊焊点的去除分离，如图 11—23 所示。

①根据焊点的大小，选择直径合适的钻头。

②在钻除焊点前，根据焊点的厚度，调整钻头的行程限制，保证在分离板件的同时不会损伤下层板，如图 11—24 所示。

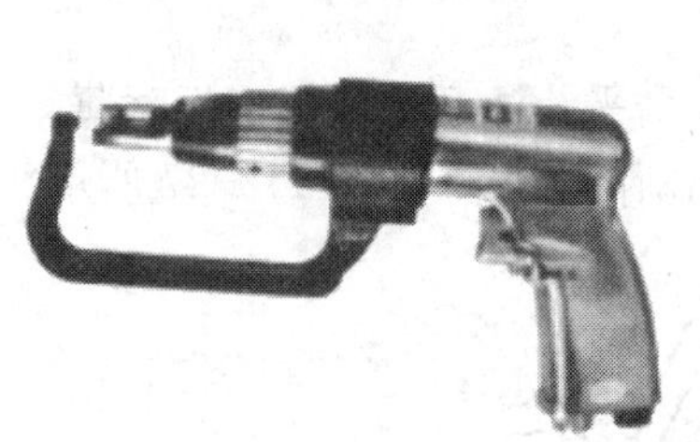

图 11—23　焊点转除钻

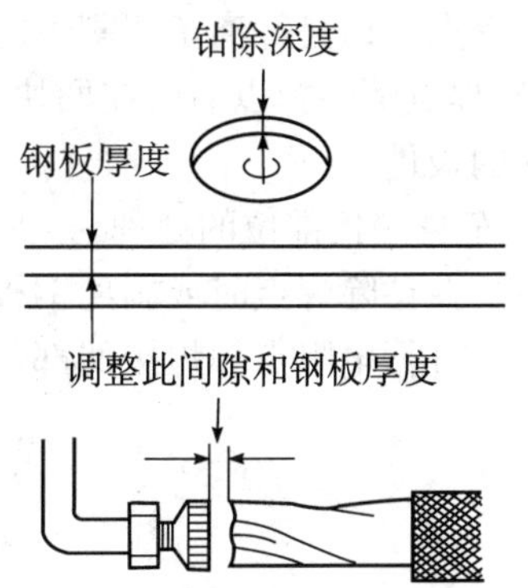

图 11—24　调整间隙和钢板厚度

3）用手电钻钻除焊点。无法使用焊点钻除钻的时候，用手电钻钻除焊点，如图 11—25 所示。要根据焊点的大小选择直径合适的钻头。一定要准确地切掉焊点，以避免产生过大的孔。

图 11—25 手电钻钻除焊点

4）用研磨轮分离点焊的板件，如图 11—26 所示。更换板件的塞焊点太大，钻头不能钻掉时，可以采用这种方法。

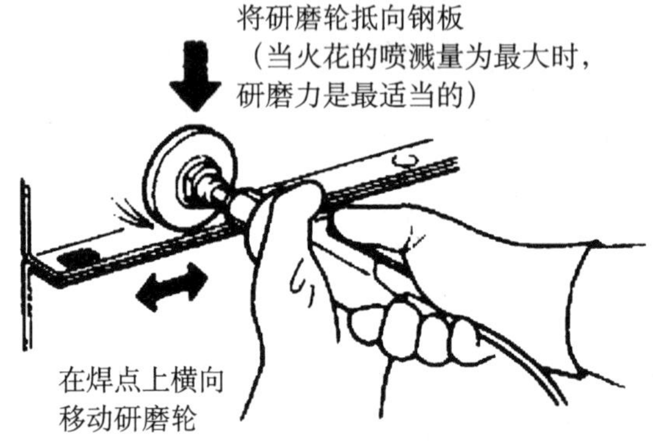

图 11—26 研磨轮磨削清除焊点

5）用等离子切割分离焊点。使用等离子切割枪，可以在各种厚度的金属板件上吹洞来清除焊点。但是等离子切割不能保证下层板件的完整。

6）焊点清除掉以后，在两块板件之间打入錾子可以分离它们，但不要切伤或弄弯未受损伤的板件。

2. 车身焊接部位的处理

（1）在钻除焊点时或剥离钢板时所产生的毛刺要磨平，注意不要把钢板磨薄。

（2）进行电阻点焊焊接的部位要清理干净，露出新的金属，如图 11—27 所示。

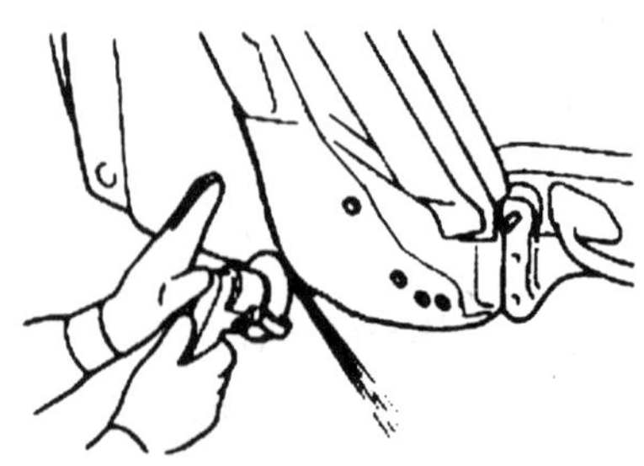

图 11—27 清理焊点连接部位

（3）用钢丝刷刷除钢板焊接部位周围的车身密封胶及底层漆。在清洁和去蜡后，在钢板焊接的结合面涂抹点焊专用底漆。

3. 新板件的处理

（1）准备更换的前纵梁。可以用新板件，也可以用报废车身上规格相同的拆卸件。

（2）在新板件点焊或塞焊的位置做上不同的记号，以便于辨认。先确定两端的位置，再分配其余的焊点数，如图11—28所示。如果是塞焊则先要在新板件上钻孔。

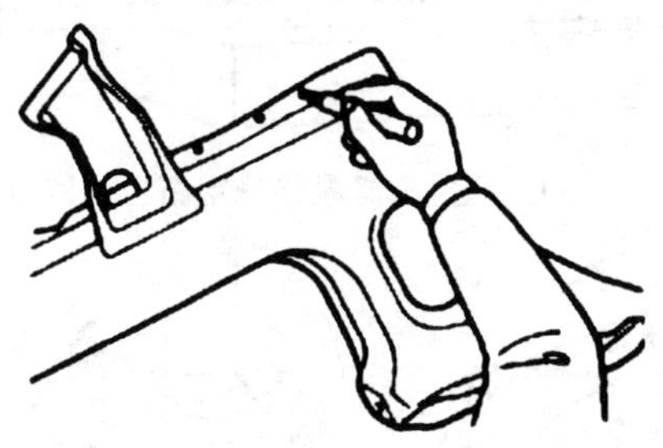

图11—28　标出电阻点焊位置

（3）清洁新板件，磨除实施点焊焊接部位的底漆，在磨除底漆后的表面上涂抹点焊专用底漆。

4. 暂时安装

（1）将前挡泥板、前纵梁、前横梁等按装配标记对准，并用虎钳夹将它们夹紧。没有参考标记的零件，应根据旧板件的相同位置来安装，如图11—29所示。

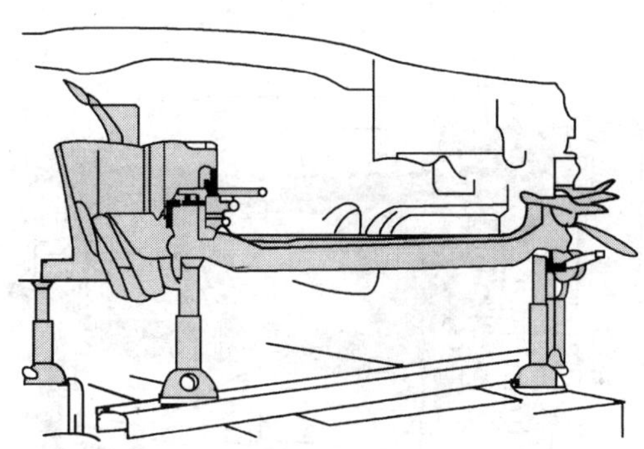

图11—29　新板件安装在旧板件相同的位置

（2）用锤子和木块依次轻轻地敲击板件，使它按需要的方向移动，直至彼此相配。同时要用测量工具来确定安装部件的尺寸位置，如图11—30所示。

（3）假如测量尺寸与参考值相符，可通过二氧化碳保护焊点焊一个定位焊点。定位焊点应选择在容易拆除的部位，如图11—31所示。

（4）用划线笔在不焊接零件的末端划一条位置线并钻一个小孔，用金属板螺钉将这些零件固定在一起。

（5）依照标准孔或旧零件的装配痕迹来暂时固定水箱框架，如图11—32所示。

（6）调整尺寸。通过测量确定悬架上支座及前翼子板隔板前后端安装孔的定位位置。检查零件与前大灯左右尺寸的差异，并调整到理想状态。

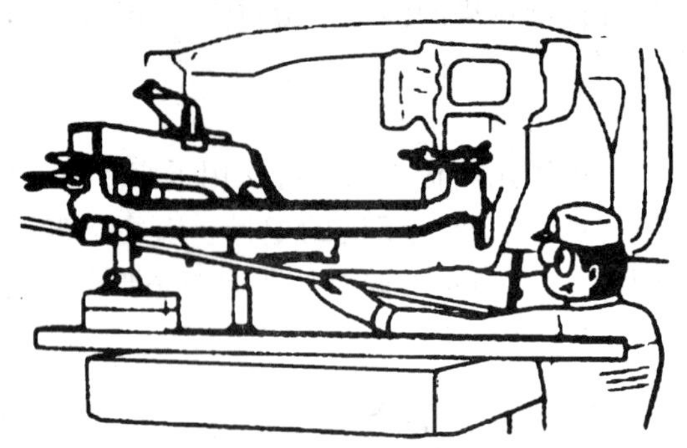

图 11—30　通过测量最终确定新板件的位置

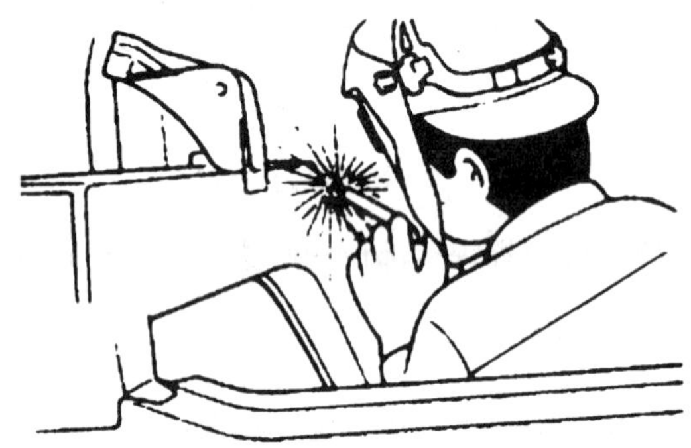

图 11—31　新板件定位焊

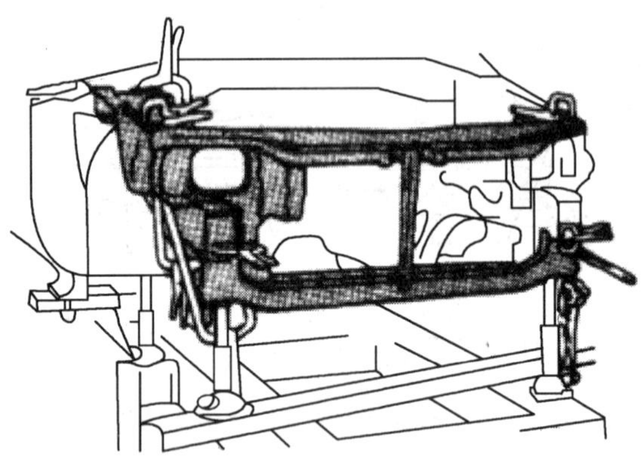

图 11—32　固定水箱框架

(7) 组装车身覆盖件并检查装配间隙。在此操作中必须判定安装间隙是否调整到合理范围之内，如图 11—33 所示。

(8) 在焊接以前，要再一次核实所有的尺寸。测量检查完成后将车身覆盖件拆除。

5. 焊接新板件

(1) 焊接时应从强度较高的部位开始焊接，焊接的两个板件要结合良好没有缝隙，焊接时要采用分段焊接以减小焊接应力与变形，如图 11—34 所示。

(2) 焊接后拆除焊接夹钳，并重新测量。

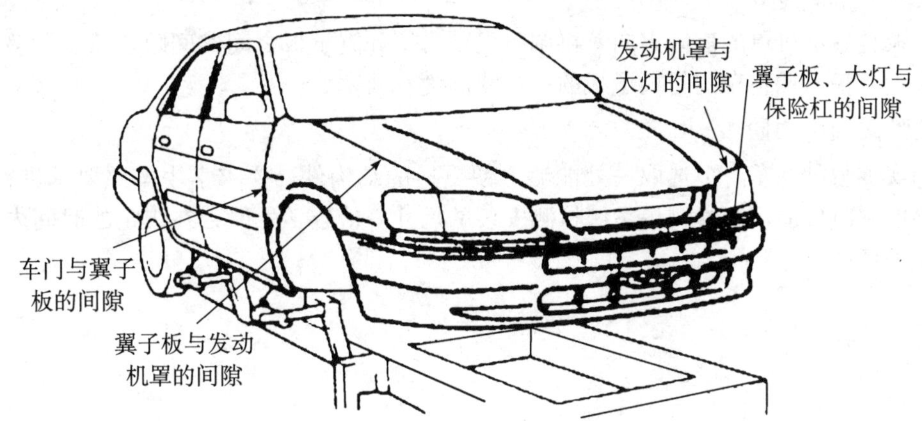

图 11—33　检查外覆盖件的安装配合间隙

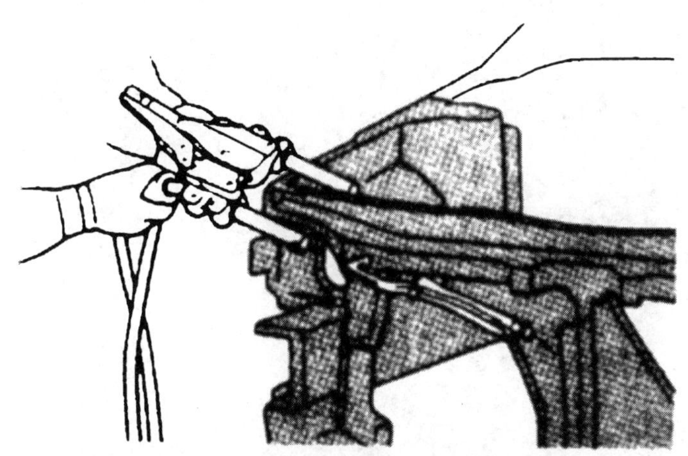

图 11—34　焊接新钢板

(3) 焊接完成后，有些部位若有能明显看到的焊点必须研磨至与板件平齐，而要喷涂底漆的部位只要稍微研磨修饰即可。

(4) 清洁钢板及去油脂后在焊接部位或裸钢板上喷涂底漆，如图 11—35 所示。

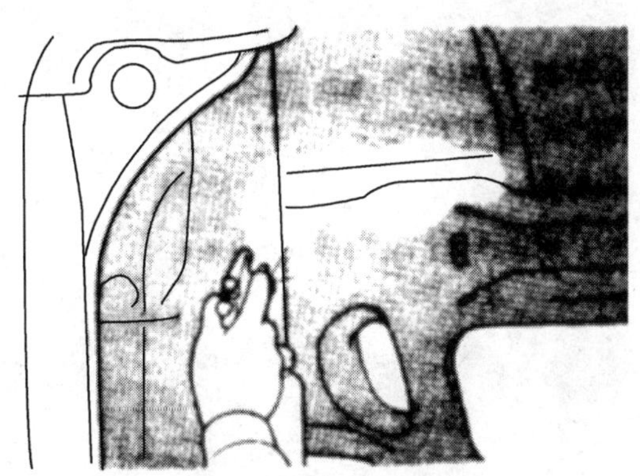

图 11—35　喷涂底漆

6. 车身部件装配

先调整发动机罩的前后方向，再调整发动机罩和翼子板之间的间隙，然后调整发动机罩的高度，最后调整车门与翼子板的车身线高度和曲率。

检验实训能力阶段

由实训教师在车身上选取一处能够方便更换的结构件，要求学生按照要求进行更换，在更换的同时应能用车身测量系统检测安装的尺寸。检查学生能否在规定的时间内完成教师设定的任务。

学生实训记录单

<table>
<tr><td>班　级</td><td></td><td>姓　名</td><td></td></tr>
<tr><td>学　号</td><td></td><td>日　期</td><td></td></tr>
<tr><td>实训内容</td><td colspan="3">车身结构件损伤的修复</td></tr>
<tr><td colspan="4">1. 车身校正仪平台。
(1) 定位基准的选择：____________________。
(2) 车身的固定方法：____________________。
2. 拉伸系统的组装。
(1) 需要拉伸的部位__________，确定拉伸的方向__________。
(2) 选择钣金工具：____________________。
(3) 连接拉伸系统与车身：____________________。
(4) 安全防护措施：____________________。
3. 测量系统的安装。
选用的测量系统__________，安装过程__________。
4. 拉伸、测量操作。
(1) 过程描述：____________________
____________________。
(2) 遇到的问题：____________________
____________________。
(3) 解决办法：____________________
____________________。
5. 本次实训存在的疑问有哪些？最大的难点是什么？有何改进建议？</td></tr>
<tr><td colspan="2" rowspan="2">教师评语：

年　月　日</td><td colspan="2">本次实训成绩</td></tr>
<tr><td colspan="2"></td></tr>
</table>

实训考核记录单

课程：汽车钣金实训教程

时间：100min　　班级：__________学号：__________姓名：__________

考核项目：车身结构件损伤的修复					
序号	考核内容	配分	考核记录	扣分	得分
1	安全与卫生习惯	10			
2	准备工作	10			
3	操作流程	60	1. 学生记录： 2. 教师记录：		
4	学生实训记录单	20			
5	完成时限				
	得分合计				

考核教师：________________　________年________月________日

实训十二

汽车玻璃的更换

实训计划

实训能力目标	实训内容及时间安排（分钟）		建议学时
1. 掌握玻璃拆装工具的使用方法。 2. 能够正确进行胶条固定式车窗玻璃的拆装。 3. 能够正确进行黏结固定式车窗玻璃的拆装。 4. 掌握移动式车窗玻璃的拆装方法。 5. 掌握玻璃升降机构的检修方法。 6. 培养学生独立分析、解决问题的能力。	正确使用玻璃拆装工具	10	3 学时 （150 分钟）
	正确拆装胶条固定式车窗玻璃	30	
	正确拆装移动式车窗玻璃	30	
	正确检修玻璃升降机构	10	
	学生完成记录单	10	
	考核	50	
	教师总结及信息反馈	10	

实训过程

一、实训准备阶段

教师的准备工作

教师在实训前的准备：

（1）设备：普通型桑塔纳轿车（由于黏结固定式车窗玻璃在拆卸的时候，很容易破裂，所以在实训时可以使用一块与玻璃形状和厚度相似的硬质塑料，来代替玻璃，供学生练习）。

（2）材料：抹布、酒精、胶带、玻璃黏结剂、润滑剂。

（3）工具：玻璃拆装吸盘、胶条固定式车窗玻璃的拆装工具组、黏结固定式车窗玻璃的拆装工具组、美工刀、车身保护套、热风枪、其他常用工具。

学生的准备工作

学生在实训前的准备：

（1）了解本次实训课所要掌握的操作技能。

（2）个人防护用品：安全鞋、工作服、工作帽、防护眼镜、防护手套。

（3）准备好学生实训记录单。

思考如下问题：

（1）黏结固定式车窗玻璃在更换过程中，哪些附件容易受损？施工过程要注意什么？

（2）安装固定式车窗玻璃前的定位有什么重要作用？

（3）固定式车窗玻璃安装完成后，要进行哪项检验？

（4）车窗玻璃的拆装过程如何？

实训阶段

一、劳动安全

实训要求学生穿戴工作服、工作鞋、工作帽、手套、防护眼镜和口罩，并严格遵守安全操作规程。

二、固定式汽车玻璃的拆装

1. 胶条固定式车窗玻璃的拆装（前风挡玻璃的拆装）

胶条固定式车窗玻璃在密封条上开有沟槽，用来装夹玻璃和钢板翻边，有的还装有外装饰条，如图 12—1 所示。

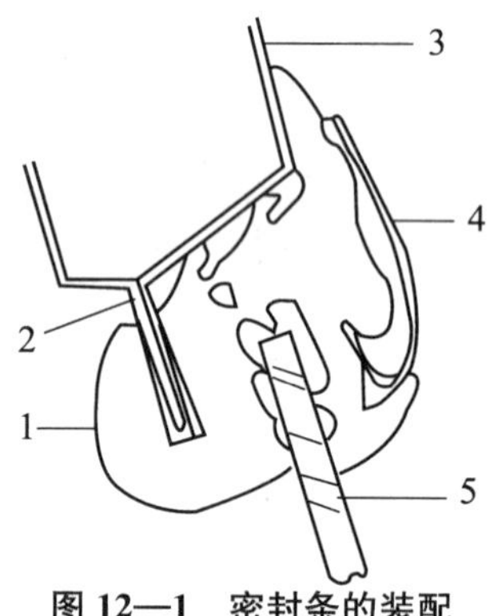

图 12—1　密封条的装配

1—密封条；2—压焊法兰；3—车顶盖板；4—外装饰条；5—玻璃

（1）拆卸方法。

1）拆下周围的装饰件和后视镜，在车窗玻璃和车窗框的中间做标记，如图 12—2 所示。

2）拆除刮水臂。

3）用专用工具拆下内外装饰条。

4）用专用工具撬开密封条，使其与压焊法兰分离，慢慢将风挡玻璃取下。

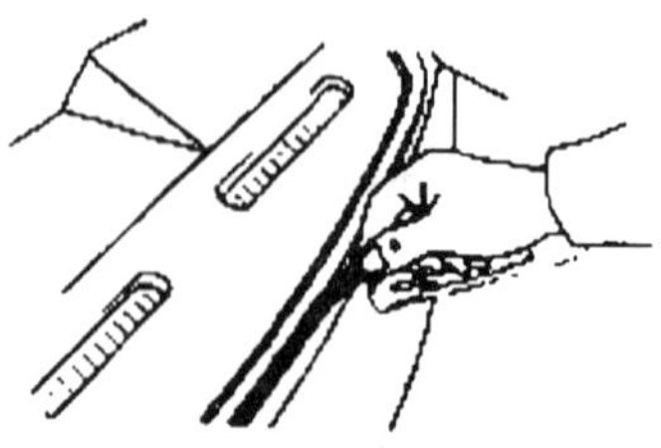

图 12—2　做中心标识

⚠ **注意：**

拆卸玻璃时一定要小心，防止玻璃发生大弧度的扭曲和振动，而造成玻璃的损坏。

（2）安装方法。

1）用溶剂清理窗口压焊法兰上的污物和残留的密封胶，安装垫块和垫条。

2）小心地将玻璃安放到垫块上，检查安装位置并对中。玻璃定好位后，用纸胶带做好标记，然后沿玻璃周边将胶带切断，把玻璃放置在一边。在正式安装时，使窗框上的胶带对准玻璃上的胶带来定位，如图12—3所示。

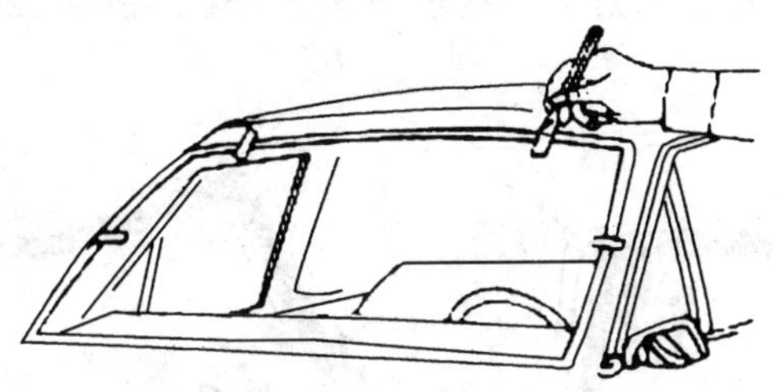

图12—3　用胶带做定位标记

3）将玻璃的边缘和密封条清理干净。把密封条安装在玻璃上，并在密封条的凸缘槽内埋入预先准备好的尼龙线。塞线时应从玻璃的顶端开始，使线的两端在玻璃的下缘中部汇合，用胶带把线的末端粘贴到玻璃的内表面上，如图12—4所示。

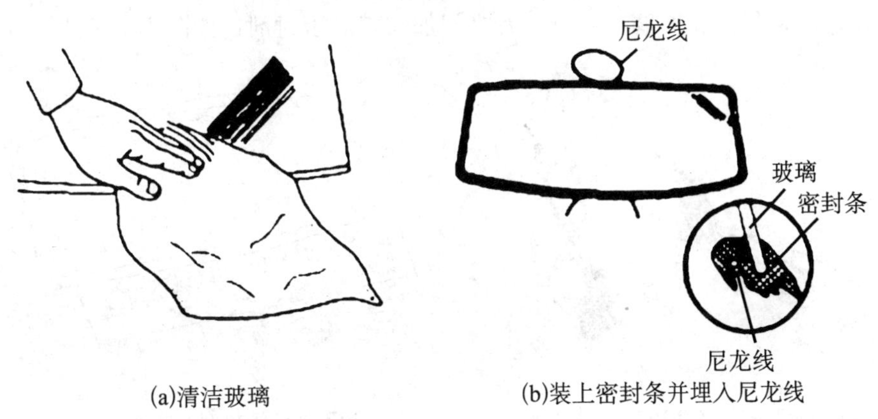

(a)清洁玻璃　　(b)装上密封条并埋入尼龙线

图12—4　准备玻璃

4）在密封条凸缘槽和窗口压焊法兰的边缘上涂抹肥皂水。在车外用手掌压住密封条的同时，于车内在玻璃的下部中间部位起，牵拉尼龙线，风窗玻璃随之被镶装在车身的压焊法兰上，如图12—5所示。

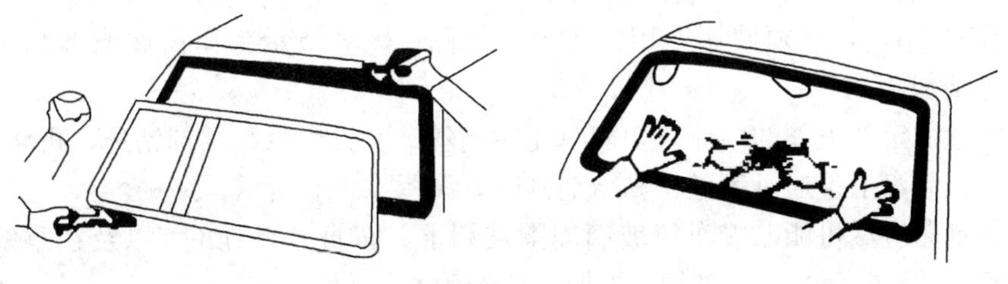

图12—5　安装玻璃

⚠ **注意：**

（1）应注意按标记胶带调整对位。拉线时应先从玻璃的下缘开始，使密封条进入位置，然后是侧缘，最后是上缘。线的两端要同时拉，否则玻璃容易破裂。

（2）为使橡胶密封条、玻璃、窗口三者之间贴合紧密，在镶装过程中可用手掌从外部轻轻拍打玻璃。确认安装合格后，沿橡胶密封条周围贴上胶带纸，以防在涂胶过程中或密封胶挤出后弄脏玻璃和车身油漆，如图 12—6 所示。

(a)用手掌从外部轻轻拍打玻璃

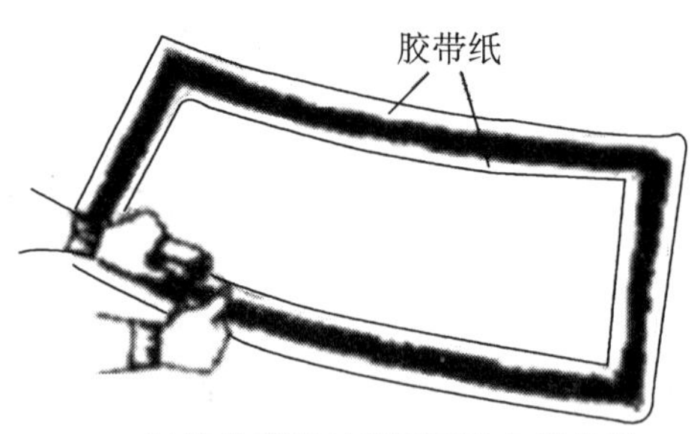

(b)沿橡胶密封条周围贴上胶带纸

图 12—6　确保玻璃安装合格

5）在橡胶密封条、玻璃、车身三者之间加注玻璃密封剂，如图 12—7 所示。

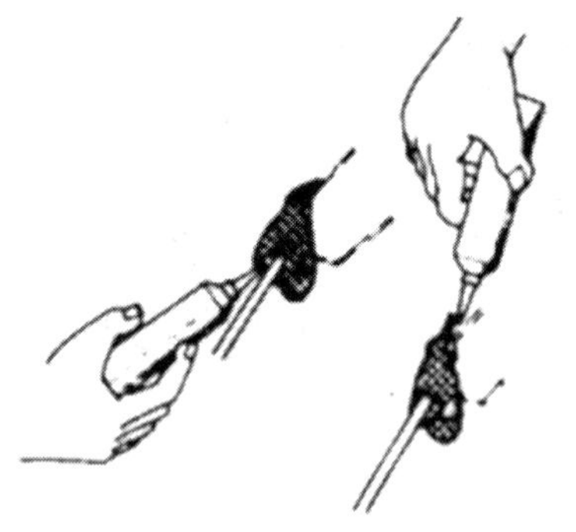

(a)沿橡胶密封条两边加注密封剂

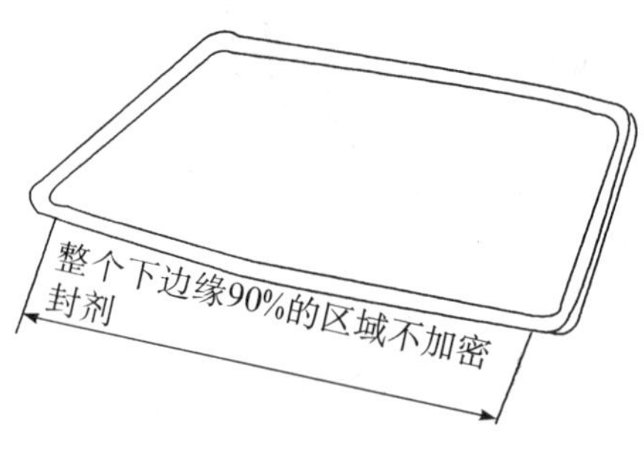

(b)不加注密封剂的区域

图 12—7　加注密封剂

2. 黏结固定式车窗玻璃的拆装（后窗的拆卸和安装）

（1）车窗玻璃的拆卸。

1）拆除玻璃嵌条和所有应拆除的元件。

2）切割黏结剂，必须使用专用的工具。如图 12—8 所示为车窗玻璃拆卸工具套装，用于切割黏结剂条。

①将卷盘固定在玻璃的内侧。切割时先用钢丝牵引头将原黏结剂钻透，再将切割钢丝穿过并固定在卷盘上。通过钢丝将黏结剂割断，如图 12—9 所示。

②黏结剂条应尽可能贴着车窗玻璃周围被切下。车身开口处的（以及在重复使用时，在车窗玻璃上的）残余黏结条被切下的厚度应约为 0.5mm。

（2）玻璃安装前的准备。

1）车身开口处油漆损坏的修补：为了保证长期的防腐蚀功能，务必按照维修说明对

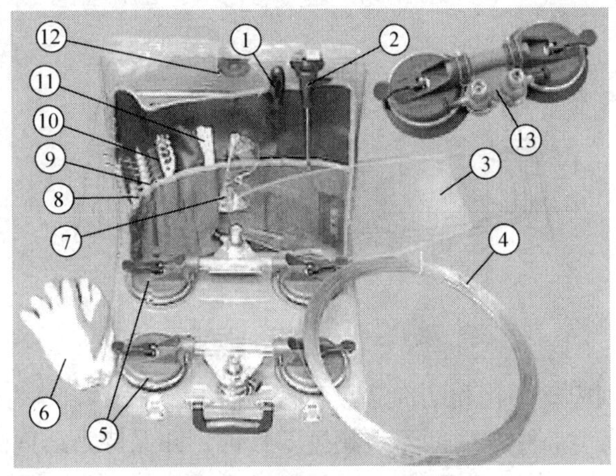

图 12—8 车窗玻璃拆卸工具套装

1—钢丝牵引头；2—抛物面凿子；3—塑料垫圈；4—切割钢丝卷；5—卷盘；
6—防护手套；7—防护眼镜；8—加长件（短）；9—加长件（长）；
10—转换棘轮；11—塑料楔；12—牵引针；13—双槽卷盘

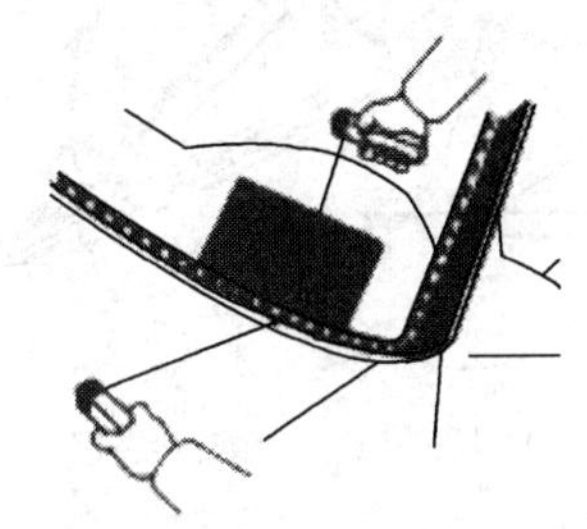

图 12—9　用钢丝切割黏结剂

损坏的油漆进行修补。

2）车身开口处黏结区域的处理：

①用酒精（可从药房购得）清洁；

②至少保持 1 分钟的干燥时间（在涂敷残余黏结条时，至少等待 15 分钟）；

③将油漆活化剂涂敷到油漆和残余黏结条上；

④至少保持 1 分钟的干燥时间（在涂敷残余黏结条时，至少等待 10 分钟）。

3）玻璃陶瓷表面的处理（车窗内侧）：在车窗内侧的边缘区域，为保护黏结剂条涂有一层黑色的，紫外线无法穿透的玻璃陶瓷。它不得损坏，必须按以下方式进行处理：

①用酒精清洁；

②保持至少 1 分钟的干燥时间；

③薄薄涂上一层玻璃活化剂；

④保持至少 10 分钟的干燥时间。

（3）涂敷黏结剂。

1）如果没有车窗玻璃的标准安装尺寸，涂胶前应将风挡玻璃放到窗口定位，并准确做出安装位置的定位标记，如图 12—10 所示。

2）将黏结剂筒装入黏结剂枪中，拆下封口，并装上锥形管。

①压出约 50mm 的试验黏结剂条，如果是热黏结，则应注意在试验条中是否有气泡产

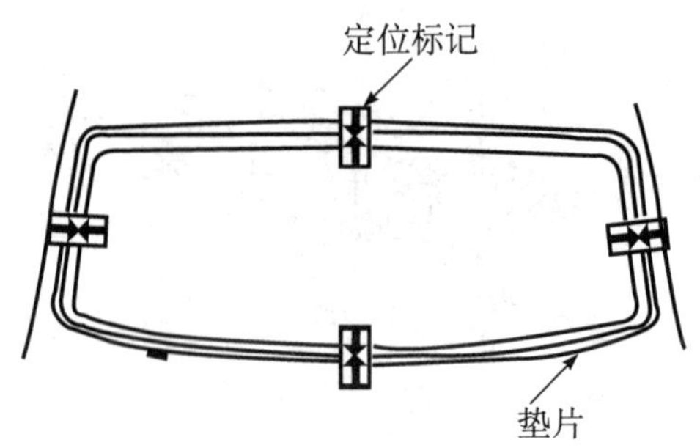

图 12—10 做定位标记

生，如果没有气泡，则应立即将黏结剂涂敷到黏结面上。

②在涂敷黏结剂条时，中断时间不得超过 5 秒钟，并保持黏结剂筒垂直于黏结面。

③用刮刀将黏结剂涂在黏结面上，涂层厚度约 2mm（根据黏结缝隙确定），如图 12—11所示。用纸张或抹布清除多余的黏结剂。

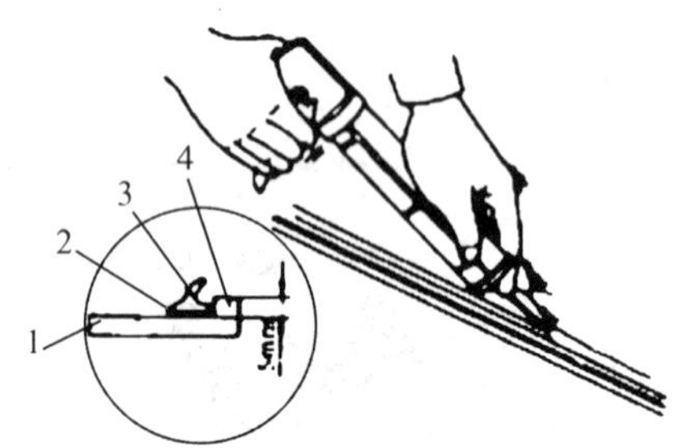

图 12—11 涂敷黏结剂

1—玻璃；2—胶带；3—挡水圈；4—黏结剂

3）在涂敷了黏结剂后，应检查后部的黏结剂筒上是否有一个黏结剂组分排出。如果是的话，则应停止黏结过程。清洁零件，使用新的黏结剂筒。混合后黏结剂的使用期约为 2 小时，只有在 1 小时内没有黏结剂流过混合器的情况下，才需要更换混合器。

（4）后窗的安装。

首先安装橡胶密封条，同时注意中点标记。接着按照以下步骤，用两个吸力装置小心地装上后窗，如图 12—12 所示。

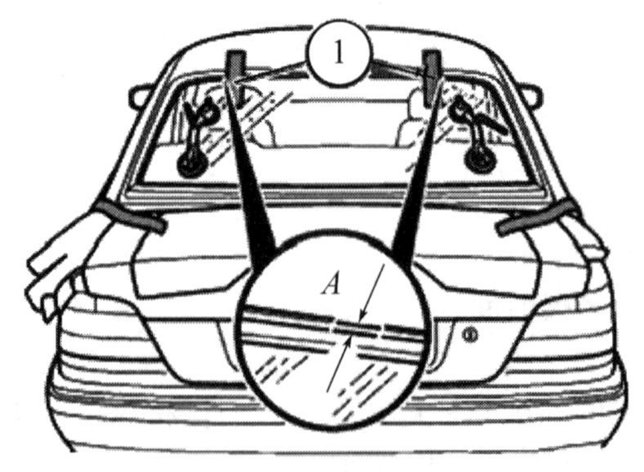

图 12—12 后窗的安装

1—塑料胶带；A—玻璃距车顶边缘的距离

1）上部在距车顶边缘一定的距离处安装；

2）侧面均匀校正；

3）下部装入并按住；

4）向上推，直至与车顶边缘的距离 A 为 5mm 为止；

5）用塑料胶带固定；

6）压住下部，直到橡胶密封条均匀贴紧为止。

7）将专用工具根据不同的尺寸（X）固定在车辆中部，检查车顶与后窗玻璃的高度差，如图 12—13 所示。规定高度差（X）的大小在 2～4mm 之间。

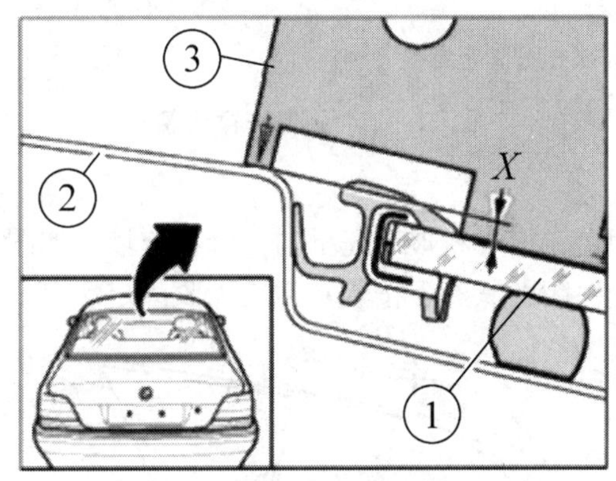

图 12—13　对后窗上部进行预压紧

1—风窗玻璃；2—车顶；3—专用工具；X—高度差

⚠ 注意：

后窗位置必须比车顶外蒙皮低，只有这样才能避免风噪声。

（5）黏结剂的固化。

在黏结剂规定的最短固化时间内不得移动车辆，否则，便可能由于车窗玻璃的移动而造成泄漏和风噪声。

（6）黏结剂的废弃处理。

1）已固化的黏结剂可作为普通垃圾处理。为了使黏结剂能与潮湿的空气进行反应，应将它装在纸袋中处理。

2）未固化的黏结剂、黏结剂筒、黏结剂与溶剂的混合物以及类似的物品必须作为特殊垃圾进行处理。

（7）密封性能试验。

待黏结剂基本硬化后，再进行水密封性能试验。如有渗漏，可使用黏结剂进一步加以密封。

三、升降式车窗玻璃的拆装

1. 门窗玻璃的拆卸方法

（1）依次拆下与玻璃相关的部件，如摇柄、门锁拉手、内饰板、玻璃托架和密封条等。

（2）拆卸车窗玻璃时应先使其移动至安装位置，在这个位置上才能够到车窗升降机构上的车窗玻璃固定螺钉。

(3) 拆下玻璃托槽固定螺栓，将玻璃取出，如图 12—14 所示。

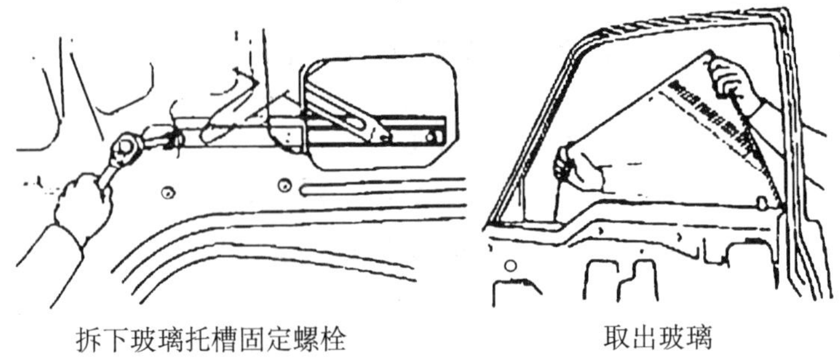

图 12—14　拆卸车窗玻璃

2. 车窗玻璃的安装方法

(1) 将玻璃安放到固定夹内，将玻璃托槽与升降器连接，如图 12—15 所示。

(2) 在车窗玻璃完全关闭的状态下按规定扭矩拧紧固定螺钉。

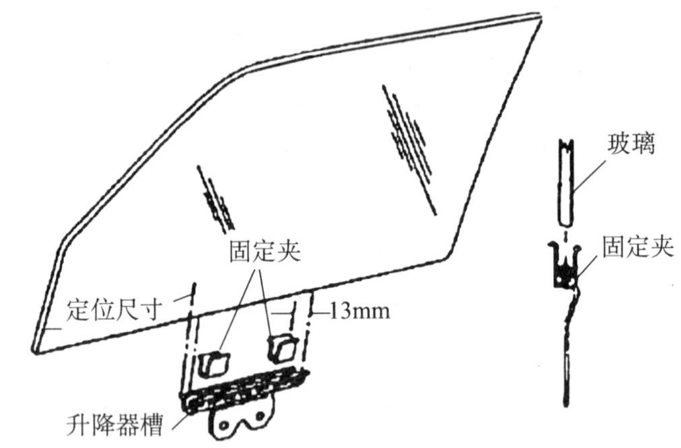

图 12—15　安装车窗玻璃

(3) 检查两端水平方向上的高度是否合乎标准。将密封条装卡牢靠，如图 12—16 所示。

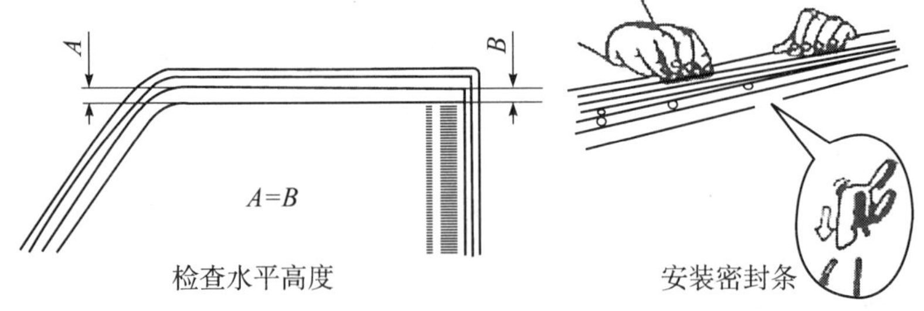

图 12—16　检查并安装密封条

检验实训能力阶段

由实训教师安排两名同学一组，拆装胶条固定式车窗玻璃（普通型桑塔纳轿车前后风挡玻璃）。检查学生能否在规定的时间内完成教师设定的任务。

学生实训记录单

<table>
<tr><td>班　级</td><td></td><td>姓　名</td><td></td></tr>
<tr><td>学　号</td><td></td><td>日　期</td><td></td></tr>
<tr><td>实训内容</td><td colspan="3">汽车玻璃的更换</td></tr>
<tr><td colspan="4">1. 胶条固定式车窗玻璃的拆装。
（1）拆卸过程：________________。
（2）安装过程：________________。
（3）遇到的问题：________________
________________。
2. 黏结固定式车窗玻璃的拆装。
（1）拆卸过程：________________。
（2）安装过程：________________。
（3）遇到的问题：________________
________________。
3. 移动式车窗玻璃的拆装。
（1）拆卸过程：________________。
（2）安装过程：________________。
（3）遇到的问题：________________
________________。
4. 本次实训存在的疑问有哪些？最大的难点是什么？有何改进建议？</td></tr>
<tr><td colspan="3" rowspan="2">教师评语：

年　月　日</td><td>本次实训成绩</td></tr>
<tr><td></td></tr>
</table>

实训考核记录单

课程：汽车钣金实训教程

时间：50min　　班级：__________学号：__________姓名：__________

考核项目：车窗玻璃的更换					
序号	考核内容	配分	考核记录	扣分	得分
1	安全与卫生习惯	10			
2	准备工作	10			
3	操作流程	60	1. 学生记录： 2. 教师记录：		
4	学生实训记录单	20			
5	完成时限				
	得分合计				

考核教师：__________________　__________年__________月__________日

实训十三

车身塑料件的维修

实训计划

实训能力目标	实训内容及时间安排（分钟）		建议学时
1. 掌握塑料件维修工具的操作方法。 2. 掌握车身塑料件的黏结维修方法。 3. 掌握车身塑料件的焊接维修方法。 4. 培养学生独立解决问题的能力。	正确黏结塑料件	50	3学时 （150分钟）
	正确焊接塑料件	50	
	学生完成记录单	10	
	考核	30	
	教师总结及信息反馈	10	

实训过程

实训准备阶段

教师的准备工作

教师在实训前的准备：

（1）设备：塑料焊枪、红外线烤灯、空气压缩机、钣金工作台。

（2）材料：塑料焊条、报废的轿车保险杠蒙皮、塑料件维修套件、清洁剂、抹布。

（3）工具：夹子、气动磨削机、干磨砂纸、剪刀、其他常用工具。

学生的准备工作

学生在实训前的准备：

（1）了解本次实训课所要掌握的操作技能。

（2）个人防护用品：工作服、工作鞋、工作帽、防护眼镜、耐化学腐蚀的防护手套、防毒面具。

（3）准备好学生实训记录单。

思考如下问题：

（1）进行塑料件维修时的安全防护措施有哪些？

（2）塑料件在什么情况下适合黏结维修？黏结操作的过程是什么？

（3）塑料件在什么情况下适合焊接维修？焊接操作的过程是什么？

实训阶段

一、劳动安全

实训要求学生穿戴工作服、工作鞋、工作帽和防护眼镜，在接触塑料黏结剂的时候戴耐化学腐蚀的防护手套，在进行塑料焊接时戴焊接口罩。

二、塑料件的黏结维修

1. 塑料件维修时的安全防护措施

（1）工作时不能吃东西、喝水或吸烟。

（2）避免黏结剂接触到眼睛和皮肤，因为黏结剂对眼睛、呼吸器官和皮肤有刺激作用。对异氰酸酯过敏的人应避免接触这类产品。如果黏结剂接触到眼睛、皮肤时，应立即用流水冲洗。

（3）只有在通风不足的情况下才需要呼吸防护装置。

（4）黏结剂弄脏衣服时，应脱去衣服，必要时去医院检查。

2. 黏结操作

（1）清洁损坏部件。

1）用高压清洗器清除大面积污物。

2）用大量清水冲洗塑料部件并进行干燥处理。

3）用清洁剂和稀释剂对部件进行彻底处理，如图 13—1 所示。

⚠ 注意：

两道工序之间，必须遵守 5 分钟的风干时间，保证工件表面彻底干燥。

图 13—1　用稀释剂进行处理

（2）对塑料部件进行预处理。

1）用一个砂带研磨机将维修部位边缘磨削成楔形，如图 13—2 所示。用粒度为 P120 的砂纸可达到最佳效果。

2）如果损伤部件有一个裂缝，那么必须在裂缝端部钻孔，最好钻出直径大约为6mm 的孔，这样可以避免裂缝继续扩大。这个孔也应磨削成楔形，如图 13—3 所示。

（3）打磨待维修部位的两侧。

1）背面与正面同样要进行打磨处理，使维修部位表面粗糙化，如图 13—4 所示。

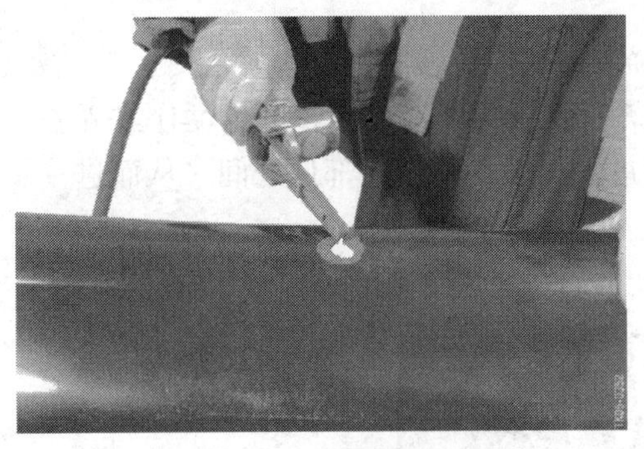

图 13—2 磨削维修部位

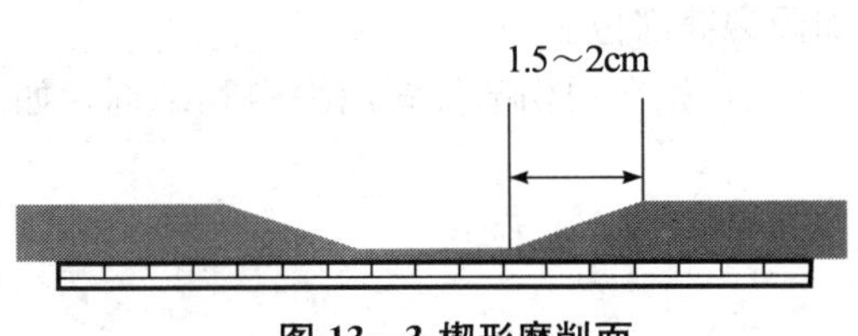

图 13—3 楔形磨削面

2）打磨完成后，清除研磨粉尘。

图 13—4　使维修部位粗糙化

（4）喷涂底漆。

1）在涂敷底漆之前，必须用清洁剂和稀释剂对维修部位两侧重新进行处理。此时也必须遵守 5 分钟的风干时间。

2）在两侧喷涂一层底漆，如图 13—5 所示。

3）在室温条件下，底漆的风干时间大约为 10 分钟。

图 13—5　喷涂底漆

（5）黏结。底漆风干后，可以开始进行黏结处理。

黏结背面：

1）在裂缝端部处黏结加固条，这样可明显加固薄弱部位。

2）将加固条固定，固定前在所黏结的加固条上放一层聚乙烯膜，以免黏住或弄脏夹紧钳。此外还应使加固条弯曲，以使更多黏结剂进入加固条和塑料部件之间，从而进一步加固裂缝部位。

3）先在损伤部位背面涂敷黏结剂，如图 13—6 所示。

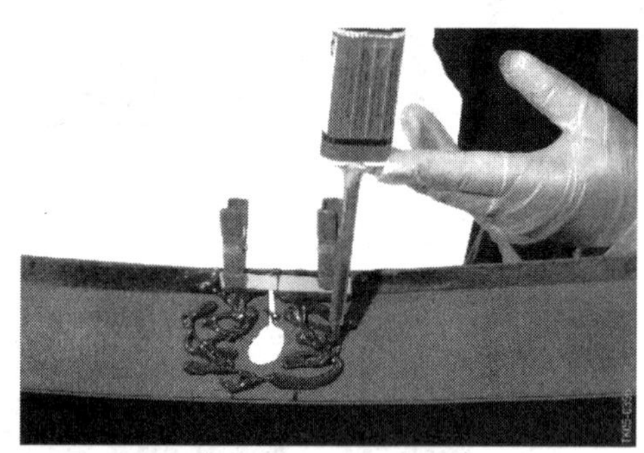

图 13—6　黏结剂、加固条的处理

4）根据损伤部位大小裁一块网状加强织物，将其放入黏结剂中，使黏结剂完全渗入整块织物。

5）用一把塑料刮刀或刷子将黏结剂涂敷在网状加强织物上。必须用黏结剂完全覆盖住维修部位，如图 13—7 所示。

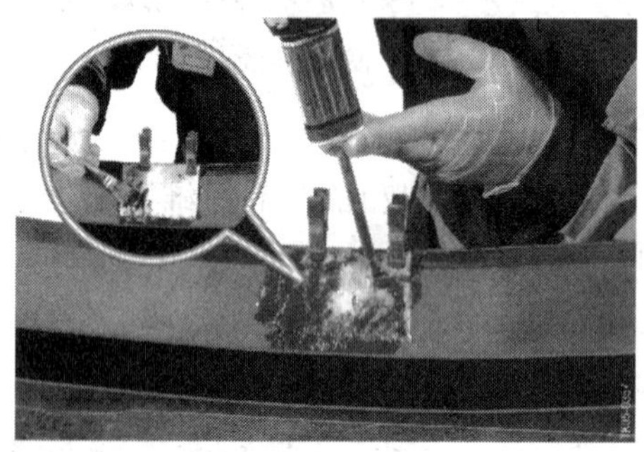

图 13—7　黏结网状加强织物

6）使用一个红外线灯，以 60～70℃ 的温度照射维修部位大约 15 分钟，使经过处理的背面硬化，如图 13—8 所示。

图 13—8　使维修部位背面硬化

黏结正面：

1）在维修部位的正面涂敷黏结剂，尽量不要渗入空气。

①用刮刀从维修部位中部向外刮平，如图 13—9 所示。

②在此过程中，应始终涂敷过量的黏结剂，以确保研磨时能够重新恢复塑料部件原来的形状。

③涂敷时还要确保喷嘴尖始终在黏结剂内。

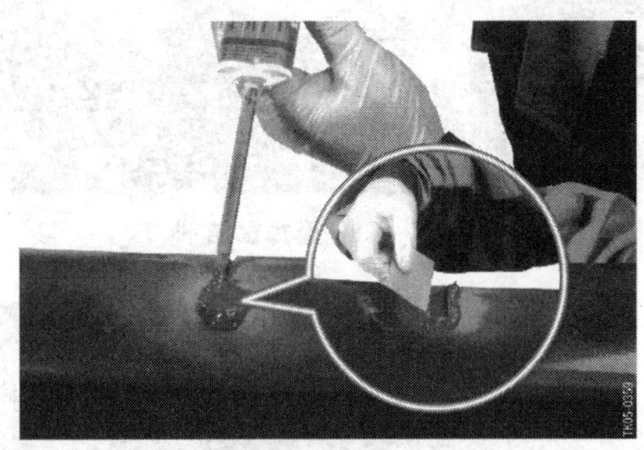

图 13—9　涂敷黏结剂（正面）

2）用红外线灯以 60～70℃的温度对维修部位照射约 15 分钟，使黏结剂硬化，如图 13—10 所示。

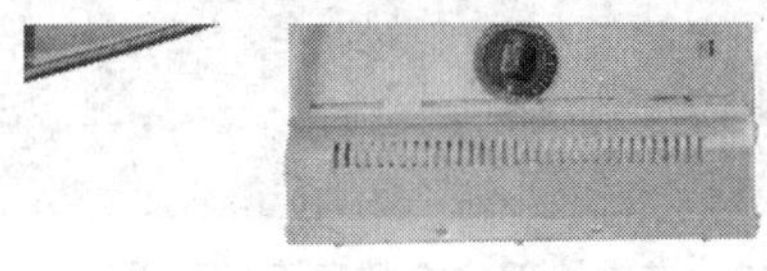

图 13—10　用红外线灯进行硬化处理（正面）

3）使黏结剂在室温条件下冷却下来。

（6）磨掉过量的黏结剂（正面）。要确保磨削出维修部件的原有形状。

1）开始打磨时使用 P120 干磨砂纸，随后使用粒度越来越小的砂纸，如图 13—11 所示。

2）用 P240 砂纸精磨后，用清洗液仔细清洁维修部件。

3）大约风干 10 分钟后，在维修部位薄薄喷涂一层底漆，如图 13—12 所示。

三、塑料板件的焊接修复

1. 调整塑料焊枪

塑料焊枪采用陶瓷或不锈钢电热元件来产生热风，热风的温度为 230～340℃，用热风加热塑料接缝，使其软化，同时将加热的塑料棒压入接缝即可，如图 13—13 所示。

使用和调整方法如下：

图 13—11 磨掉黏结剂

图 13—12 在维修部位涂敷底漆（正面）

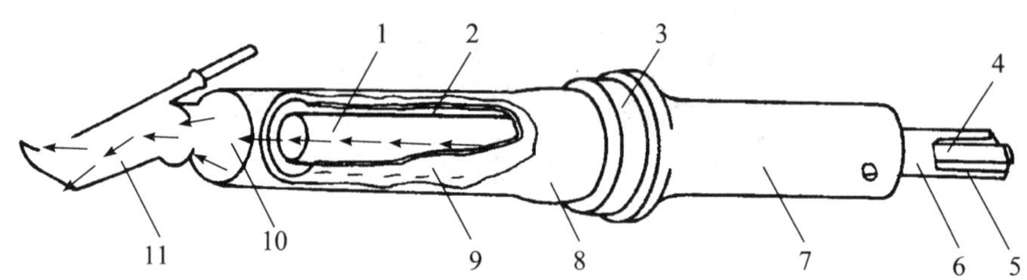

图 13—13 塑料焊枪

1—加热元件；2—加热腔；3—固定螺母；4—电源；5—压缩空气或惰性气体；
6—空气管；7—把手；8—外套管；9—内套管；10—热空气；11—焊嘴

（1）逆时针方向拧松控制手柄，使调压阀关闭，以免因压力突然增高而损坏压力表。

（2）将调压阀接到压缩空气或惰性气体的供气路上。使用压缩空气时应把管线的压力调整为 1.4MPa 左右，如果用的是惰性气体，则需要使用减压阀。

（3）接通气源，其初始压力取决于加热元件的功率。

（4）将焊机接到指定的交流电源上，在指定的工作气压下预热焊炬。

⚠ **注意：**

在从预热升温到冷却降温的整个过程中必须保持塑料焊枪中都有气流通过，以免加热零件烧坏和焊炬受损。

（5）选用适当的喷嘴，并用钳子把它插接到焊炬上，以免手触到发烫的套筒。

（6）喷嘴装好后，经过 2～3min，喷嘴即可达到所需的工作温度。

（7）用温度计检测距喷嘴热风出口 6mm 处的温度，对于热塑性塑料，该处温度应为 230～340℃。焊机说明书中一般都配有焊接温度选择图表。

（8）如果上述部位温度对于焊接材料来说过高，则可把压缩空气的压力稍微调高，直到温度下降；如果温度过低，则可稍微调低压缩空气的压力，直到温度升高。

⚠ **注意：**

在调整压缩空气的压力后，应保持 1～3min，使温度在新的设定条件下达到稳定状态。

（9）压缩空气的压力过大不会损坏焊炬及其加热元件，但压力过低会造成加热元件过热，因此，在调低压缩空气压力时，切不要调得低到把手处的套筒固定螺母热到烫手的程度，固定螺母烫手，说明出现了过热。

（10）气路内滤网堵塞或电压不稳也能引起过冷或过热，应加以注意。

（11）如果套筒端部的螺纹太紧，应当用优质、耐高温的油脂清理，以免螺纹卡死。

（12）焊完后，应先切断电源，等几分钟之后或等套筒冷却到可以触摸之后再切断气源。

2. 选择焊缝形式和焊接处连接方式

（1）焊缝形式通常有两种，即 V 形和 X 形，如图 13—14 所示。X 形可用于厚度较大的板件的焊接。此外，增大焊缝的角度，也可提高焊接强度。

塑料板打坡口的方法与金属相同，多用槽刀打 60°左右的坡口。

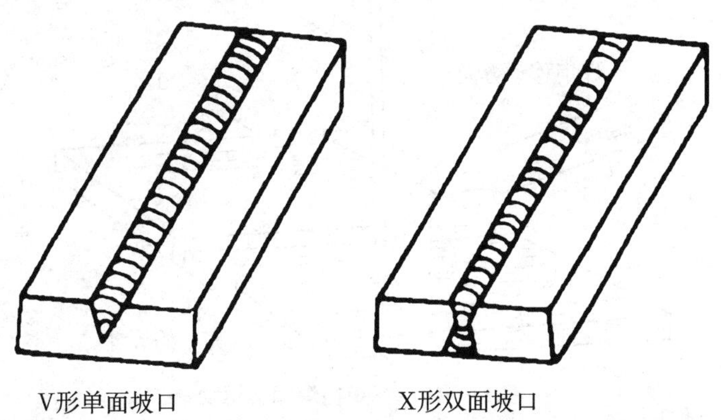

图 13—14 焊缝的两种形式

（2）焊接处的连接方式大致有四种，如图 13—15 所示，比较而言以第一种连接方式得到的焊缝强度最高。

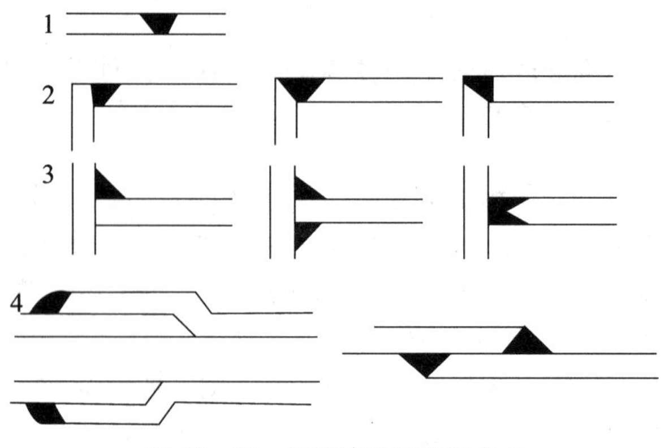

图 13—15　焊接的四种连接方式

3. 焊接操作

（1）焊缝的定位。

1）用夹钳或铝质车身胶带对焊口进行定位固定。

2）用塑料焊枪喷嘴将焊口两侧熔化而在焊口底部形成定位焊点。

3）喷嘴要压紧，确保喷嘴接触到焊口的两边，而且要匀速、稳定地移动。

4）在进行定位焊时不要用焊条。用喷嘴在焊口底部将两板同时熔化很窄的一条，熔化后两板即焊接到一起。

5）必要时还可断开进行定位调整，然后再焊上。

（2）V 形坡口焊接。

1）开完坡口后，将焊条端部切成 60°左右角的切口。

2）操作过程中，焊嘴离焊缝 12～13mm，焊炬倾角为 30°，焊条垂直于塑料板。塑料焊接时的移动速度应保持在 150～200mm/min。在整个焊接过程中，焊条上的压力应保持一致，如图 13—16 所示。

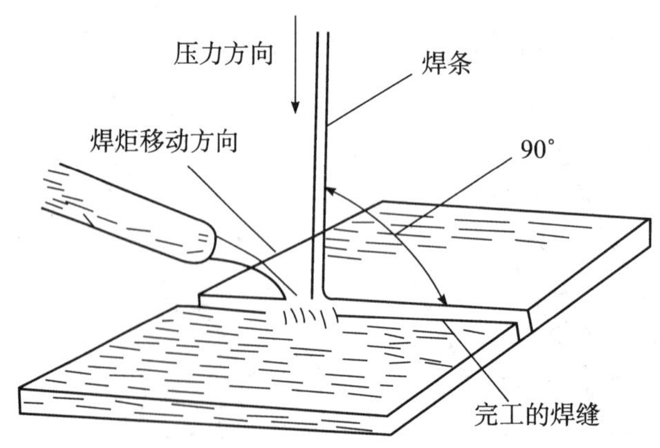

图 13—16　焊炬在焊缝上运动

3）焊条与塑料板同时被加热到发光并带有黏性，焊条便会粘住塑料板，此时必须维持焊条与塑料板的正确温度，切不可过高。若温度过高会引起焊缝皱褶，变为棕色，而降低焊接强度。

4）为保证焊条与塑料板适当的焊接温度，可操作焊炬上下垂直运动，以使塑料板焊缝处得到更多的热量，并均匀受热。

5）当焊条与板缘受热熔化，都略带亮光时，将焊条略施加压力，就会伸入焊缝。

6）继续加热，使焊条与焊缝材料熔结为一体。

7）如果焊条落入焊缝后堆成一团，或焊条在焊接过程中拉断，则焊缝强度必然降低。因此焊接速度和焊条的熔化应配合协调。

8）当需要另接一根焊条时，在焊条尚未太短而不够把持之前即停止焊接。随后在焊条和塑料板接触点快速切断。新焊条也切成 60°角，保持接合处平滑过渡。

9）结束焊接时，宜迅速加热焊条和塑料板片的接触区域，停止焊条移动，拿开焊炬，并继续保持对焊条的压力直到焊缝冷却后拧断焊条。

4. 焊缝的处理

焊缝可用砂纸打平，对于大面积焊缝则可使用砂轮机磨平。

(1) 在打磨之前，应先用刀子把多余的塑料刮掉。

(2) 打磨时应注意不要引起过热，以免塑料变形，为了加快打磨速度而又不致损坏焊缝，可以定时加水进行冷却。

(3) 粗磨后应目测检查焊缝是否有缺陷，焊缝不应有气眼和裂纹，受到弯曲也不应该产生任何裂纹。

(4) 粗磨后，应进行精磨，先用 P220 砂纸，再用 P320 砂纸对焊缝进行精磨。可以采用带式或回转式磨光机，如需要再用手工打磨。

(5) 如果需要重新进行表面处理，则应按塑料表面处理方法进行。

检验实训能力阶段

由实训教师给学生提供受损伤的轿车保险杠蒙皮，要求学生将损伤部位维修好。检查学生能否在规定的时间内完成教师设定的任务。

学生实训记录单

<table>
<tr><td>班　级</td><td></td><td>姓　名</td><td></td></tr>
<tr><td>学　号</td><td></td><td>日　期</td><td></td></tr>
<tr><td>实训内容</td><td colspan="3">车身塑料件的维修</td></tr>
<tr><td colspan="4">1. 实训所用保险杠蒙皮的损伤程度：______________________________
____。
2. 是否适合维修？是 □　否 □
（1）成本核算：______________________________________
____。
（2）如果维修，采用的修复工艺：______________________________
____。
3. 黏结维修的操作过程：
（1）前处理：____。
（2）黏结：____。
（3）后处理：____。
遇到的问题和解决办法：________________________________
____。
4. 练习对接焊。
（1）焊接缺陷有：______________________________________。
（2）解决办法：____。
5. 焊接维修的操作过程：
（1）前处理：____。
（2）黏结：____。
（3）后处理：____。
遇到的问题和解决办法：________________________________
____。
6. 本次实训存在的疑问有哪些？最大的难点是什么？有何改进建议？</td></tr>
</table>

<table>
<tr><td rowspan="3">教师评语：

年　月　日</td><td colspan="3">本次实训成绩</td></tr>
<tr><td>良好</td><td>合格</td><td>不合格</td></tr>
<tr><td></td><td></td><td></td></tr>
</table>

实训考核记录单

课程：汽车钣金实训教程

时间：30min　班级：__________学号：__________姓名：__________

考核项目：车身塑料件的维修					
序号	考核内容	配分	考核记录	扣分	得分
1	安全与卫生习惯	10			
2	准备工作	10			
3	操作流程	60	1. 学生记录： 2. 教师记录：		
4	学生实训记录单	20			
5	完成时限				
	得分合计				

考核教师：________________　________年________月________日

图书在版编目（CIP）数据

汽车钣金实训教程/宋孟辉，卢中德主编
北京：中国人民大学出版社，2010
21 世纪高职高专规划教材·汽车运用与维修系列
ISBN 978-7-300-12897-9

Ⅰ. ①汽…
Ⅱ. ①宋… ②卢…
Ⅲ. ①汽车—钣金工—高等学校：技术学校—教材
Ⅳ. ①U472.4

中国版本图书馆 CIP 数据核字（2010）第 205120 号

21 世纪高职高专规划教材·汽车运用与维修系列
汽车钣金实训教程
主编　宋孟辉　卢中德

出版发行	中国人民大学出版社		
社　　址	北京中关村大街 31 号	**邮政编码**	100080
电　　话	010－62511242（总编室）		010－62511398（质管部）
	010－82501766（邮购部）		010－62514148（门市部）
	010－62515195（发行公司）		010－62515275（盗版举报）
网　　址	http://www.crup.com.cn		
	http://www.ttrnet.com(人大教研网)		
经　　销	新华书店		
印　　刷	北京七色印务有限公司		
规　　格	185 mm×260 mm　16 开本	**版　　次**	2011 年 1 月第 1 版
印　　张	13.75	**印　　次**	2017 年 8 月第 2 次印刷
字　　数	254 000	**定　　价**	25.00 元

教师信息反馈表

为了更好地为您服务，提高教学质量，中国人民大学出版社愿意为您提供全面的教学支持，期望与您建立更广泛的合作关系。请您填好下表后以电子邮件或信件的形式反馈给我们。

<table>
<tr><td>您使用过或正在使用的我社教材名称</td><td></td><td>版次</td><td></td></tr>
<tr><td>您希望获得哪些相关教学资料</td><td colspan="3"></td></tr>
<tr><td>您对本书的建议(可附页)</td><td colspan="3"></td></tr>
<tr><td>您的姓名</td><td colspan="3"></td></tr>
<tr><td>您所在的学校、院系</td><td colspan="3"></td></tr>
<tr><td>您所讲授课程名称</td><td colspan="3"></td></tr>
<tr><td>学生人数</td><td colspan="3"></td></tr>
<tr><td>您的联系地址</td><td colspan="3"></td></tr>
<tr><td>邮政编码</td><td></td><td>联系电话</td><td></td></tr>
<tr><td>电子邮件(必填)</td><td colspan="3"></td></tr>
<tr><td>您是否为人大社教研网会员</td><td colspan="3">□ 是　会员卡号：____________
□ 不是，现在申请</td></tr>
<tr><td>您在相关专业是否有主编或参编教材意向</td><td colspan="3">□ 是　　　　□ 否
□ 不一定</td></tr>
<tr><td>您所希望参编或主编的教材的基本情况(包括内容、框架结构、特色等，可附页)</td><td colspan="3"></td></tr>
</table>

我们的联系方式：北京市海淀区中关村大街 31 号

中国人民大学出版社教育分社

邮政编码：100080

电话：010-62515913

网址：http://www.crup.com.cn/jiaoyu/

E-mail:jyfs_2007@126.com